सफलता
आपके हाथ में

सफलता
आपके हाथ में

एक बेहतर कल की ओर

जेम्स एलन

An imprint of
Srishti Publishers & Distributors

Srishti Publishers & Distributors
A unit of AJR Publishing LLP
212A, Peacock Lane
Shahpur Jat, New Delhi – 110 049

editorial@srishtipublishers.com

First Published by Shabd,
an imprint of Srishti Publishers & Distributors in 2025

Translation of Be Your Own Sunshine by James Allen

Originally Published by
Srishti Publishers & Distributors in 2020

Printed and bound in India.

विषय सूची

मनुष्य: मन, शरीर और परिस्थिति का राजा   **79**

ख़ुशी और सफलता की आधारशिला   **119**

परिचय

क्या हम सभी नहीं जानते कि हमारे आस-पास की दुनिया रोज़ाना कैसे तेज़ गति से चलती है! लोग, चीज़ें, स्थितियाँ, भावनाएँ और यहाँ तक कि प्यार भी उस भीड़ में गंभीर रूप से जटिल हो जाता है, जिससे उसके अनुरूप चलना लगभग असंभव हो जाता है। क्या आपने कभी सोचा है कि दुनिया भर में घूमना इतना महत्वपूर्ण क्यों है? हम अपनी सुविधा के अनुसार अपनी गति क्यों नहीं निर्धारित कर सकते? क्या होता है जब हम पीछे छूट जाने के डर से दब जाते हैं?

ये समस्याएँ समसामयिक लग सकती हैं, लेकिन प्राचीन काल से ही किसी न किसी रूप में प्रकट होती रही हैं। इस डर को हराने और अपने जीवन पर नियंत्रण पाने का एक निश्चित तरीका मन और उससे उत्पन्न होने वाले विचारों को मज़बूत करना है। यह पुस्तक चार कार्यों का एक संग्रह है जो मन और उसकी अनंत ऊर्जाओं को वश में करने, सकारात्मक सोच की शक्ति को दिशा देने और बाहरी दुनिया के मुकाबले हमारे विचारों की आंतरिक दुनिया के बीच संतुलन बनाने के तरीके, क्यों और क्या का सारांश देती है।

ऐज़ अ मैन थिन्केथ (जैसा कि एक आदमी सोचता है) स्पष्ट रूप से उस तरीके को दर्शाती है जिससे हमारे विचार हमारे शारीरिक, मानसिक, भावनात्मक और सामाजिक स्वास्थ्य रूप से प्रभावित हो सकते हैं।

यह उन तरीकों पर भी चर्चा करती है जिनसे हम अपने दृष्टिकोण और विचारों का उपयोग करके अपने आप को मानसिक शांति की ओर ले जा सकते हैं। जुनून से शांति तक हमारे अंदर के उन कारकों पर विजय पाने की चरण-दर-चरण चर्चा है जो हमें सफलता प्राप्त करने में बाधक हैं। *मनुष्य: मन, शरीर और परिस्थिति के राजा* का उद्देश्य हमें हमारे नकारात्मक और बाध्यकारी विचारों की गुलामी से मुक्त करना है, जिससे हम अपने अवरधों पर विजय पा सकें और अपनी आत्मा को मुक्त कर सकें। खुशी और सफलता की आधारशिला हमें विचारों, वाणी के सही संतुलन और कार्य में इसके कार्यान्वयन के साथ एक मज़बूत आत्म की नींव रखने में मदद करती है।

जेम्स एलन प्रेरक साहित्य के क्षेत्र में अग्रणी हैं, क्योंकि उन्होंने रोजमर्रा की समस्याओं के समाधान के साथ दर्शन और प्रेरणा को मिलाने की कला में महारत हासिल की है। उनका लेखन अत्यंत दार्शनिक होने के साथ-साथ सकारात्मक ऊर्जा से भरपूर था। उनकी कलम से चुने गए ये गहने, दिमाग के लिए एक संपत्ति हैं।

जैसा कि एक आदमी सोचता है

मन ही मुख्य शक्ति है जो आकार देती है और बनाती है

और मनुष्य मन है और सदैव वह लेता है

विचार का उपकरण और जो वह चाहता है उसे आकार देता है

एक हजार खुशियाँ एक हजार बुराईयाँ सामने लाता है

वह गुप्त रूप से सोचता है और ऐसा होता है

कि वातावरण उसके लिए दर्पण मात्र है।

प्रस्तावना

यह छोटा सा खंड (ध्यान और अनुभव का परिणाम) विचार की शक्ति के विषय पर बहुत लिखे गए एक विस्तृत ग्रंथ के रूप में अभिप्रेत नहीं है। यह व्याख्यात्मक के बजाय विचारोत्तेजक है, इसका उद्देश्य पुरुषों और महिलाओं को सत्य की खोज और अनुभूति के लिए प्रेरित करना है—

"वे स्वयं अपने निर्माता हैं।"

विचारों के आधार पर, जिसे वे चुनते हैं और प्रोत्साहित करते हैं; वह मन चरित्र के आंतरिक वस्त्र और परिस्थिति के बाहरी वस्त्र दोनों का मास्टर-बुनकर है, और जैसा कि वे अब तक अज्ञानता और दर्द में बुने थे, वे अब आत्मज्ञान और खुशी में बुन सकते हैं।

जेम्स एलन

1

विचार और चरित्र

सूत्रवाक्य, "मनुष्य जैसा अपने हृदय में सोचता है, वैसा ही वह बनता है," न केवल मनुष्य के संपूर्ण अस्तित्व को समाहित करता है, बल्कि इतना व्यापक है कि उसके जीवन की हर स्थिति और परिस्थिति तक पहुंच सके। एक आदमी वस्तुतः वैसा ही है जैसा वह सोचता है, उसका चरित्र उसके सभी विचारों का पूरा योग है।

जैसे पौधा उगता है, और वह बीज के बिना नहीं हो सकता, वैसे ही मनुष्य का प्रत्येक कार्य विचार के छिपे हुए बीजों से उगता है, और उनके बिना प्रकट नहीं हो सकता। यह उन कृत्यों पर समान रूप से लागू होता है जिन्हें "सहज" और "अप्रत्याशित" कहा जाता है, साथ ही उन कृत्यों पर भी, जिन्हें जानबूझकर निष्पादित किया जाता है।

कार्य विचार का खिलना है, और खुशी और पीड़ा उसके फल हैं; इस प्रकार मनुष्य अपनी खेती का मीठा और कड़वा फल प्राप्त करता है।

मन में विचार ने ही बनाया है हमें, हम जो हैं
वह विचार से ही गढ़ा और निर्मित किया गया है।

यदि मनुष्य के मन में बुरे विचार आते हैं, तो उस पर दुःख आता है,
पीछे बैल का पहिया आता है...
...यदि कोई निश्चित रूप से सहता है
विचारो की पवित्रता में,
ख़ुशी उस का अनुसरण करती है।
उस की छाया की तरह से।"

मनुष्य का विकास कानून द्वारा ही संभव है, न कि चालाकी से रचना। विचार के छिपे हुए क्षेत्र में कारण और प्रभाव उतना ही निरपेक्ष और अविभाज्य है जितना कि दृश्य और भौतिक चीजों की दुनिया में होता है। एक महान और ईश्वरीय चरित्र अनुग्रह या संयोग की चीज़ नहीं है, बल्कि सही सोच में निरंतर प्रयास का स्वाभाविक परिणाम है, ईश्वरीय विचारों के साथ लंबे समय से पोषित जुड़ाव का प्रभाव है। एक नीच और पाश्विक चरित्र, इसी प्रक्रिया से, घृणित विचारों के निरंतर आश्रय का परिणाम है।

मनुष्य स्वयं ही बनता या बनाता है। वह ऐसे हथियार बनाता है जिनके द्वारा वह विचारों के शस्त्रागार में खुद को नष्ट कर देता है; वह उन उपकरणों को भी बनाता है जिनसे वह अपने लिए आनंद, शक्ति और शांति के स्वर्गीय भवन बनाता है। सही विकल्प और विचार के सच्चे प्रयोग से मनुष्य दिव्य पूर्णता की ओर बढ़ता है। विचार के दुरुपयोग और ग़लत प्रयोग से वह पशु के स्तर से भी नीचे गिर जाता है। इन दो चरम सीमाओं के बीच चरित्र के सभी स्तर हैं, और मनुष्य उनका निर्माता और स्वामी है।

इस युग में आत्मा से संबंधित सभी सुंदर सत्यों को पुनर्स्थापित और प्रकाश में लाया गया है, इनमें से कोई भी ईश्वरीय वादे और आत्मविश्वास से अधिक प्रसन्न

या फलदायी नहीं है - कि *मनुष्य विचारों का स्वामी है, चरित्र का निर्माता है, और स्थिति, पर्यावरण और भाग्य का निर्माता और आकार देने वाला है।*

शक्ति, बुद्धिमत्ता और प्रेम से संपन्न प्राणी और अपने विचारों के स्वामी के रूप में, मनुष्य हर स्थिति की कुंजी रखता है, और अपने भीतर वह परिवर्तनकारी और पुनर्योजी एजेंसी रखता है जिसके द्वारा वह खुद को वह बना सकता है जो वह चाहता है।

मनुष्य हमेशा स्वामी होता है, यहां तक कि अपनी सबसे कमज़ोर और सबसे परित्यक्त अवस्था में भी; परन्तु अपनी कमज़ोरी और पतन में वह एक मूर्ख स्वामी है जो अपने "घर" पर गलत शासन करता है। जब वह अपनी स्थिति पर विचार करना शुरू कर देता है, और उस कानून की परिश्रमपूर्वक खोज करता है जिस पर उसका अस्तित्व स्थापित होता है, तो वह बुद्धिमान गुरु बन जाता है, अपनी ऊर्जा को बुद्धि के साथ निर्देशित करता है, और अपने विचारों को फलदायी मुद्दों पर ढालता है। ऐसा *चेतन स्वामी* है, और मनुष्य केवल *अपने भीतर* विचार के नियमों की खोज करके ही ऐसा बन सकता है। यह खोज पूरी तरह से अनुप्रयोग, आत्म विश्लेषण और अनुभव का विषय है।

केवल बहुत अधिक खोज और खनन से ही सोना और हीरे प्राप्त होते हैं, और यदि मनुष्य अपनी आत्मा की खदान में गहराई से खुदाई करेगा तो वह अपने अस्तित्व से जुड़ा हर सत्य पा सकता है। वह अपने चरित्र का निर्माता है, अपने जीवन का निर्माता है, और अपने भाग्य का निर्माता है – वह निश्चित रूप से साबित कर सकता है, अगर वह अपने विचारों पर नज़र रखेगा, नियंत्रित करेगा और बदलेगा, खुद पर, दूसरों पर और अपने ऊपर उनके प्रभावों का पता लगाएगा। जीवन और परिस्थितियाँ, धैर्यपूर्वक अभ्यास और जांच द्वारा कारण और प्रभाव को जोड़ना, और अपने हर अनुभव का उपयोग करना – यहां तक कि सबसे

तुच्छ, रोजमर्रा की घटना तक – स्वयं के उस ज्ञान को प्राप्त करने के साधन के रूप में जो कि समझ, बुद्धि, शक्ति है। इस दिशा में, किसी अन्य की तरह, यह कानून पूर्ण नहीं है कि "जो खोजता है वह पाता है; और जो खटखटाएगा उसके लिये खोला जाएगा।" केवल धैर्य, अभ्यास और निरंतर परिश्रम से ही मनुष्य ज्ञान के मंदिर के द्वार में प्रवेश कर सकता है।

2

परिस्थितियों पर विचार का प्रभाव

किसी के दिमाग की तुलना एक बगीचे से की जा सकती है, जिसे बुद्धिमानी से विकसित किया जा सकता है या जंगली रहने की अनुमति दी जा सकती है; लेकिन चाहे इसे विकसित किया जाए या उपेक्षित किया जाए, इसे आगे लाना ही होगा । यदि उसमें कोई उपयोगी बीज न डाले जाएं तो ढेर सारे अनुपयोगी खर-पतवार के बीज उसमें गिर जाएंगे और अपना उत्पादन जारी रखेंगे।

जिस प्रकार एक माली अपने खेत को खरपतवार से मुक्त रखते हुए खेती करता है, और उन फूलों और फलों को उगाता है जिनकी उसे आवश्यकता होती है, उसी प्रकार एक आदमी अपने मन के बगीचे की देखभाल कर सकता है, सभी गलत, बेकार और अशुद्ध विचारों को हटा सकता है, और आगे बढ़ सकता है। सही, उपयोगी और शुद्ध विचारों के फूल और फल को पूर्णता दें। इस प्रक्रिया को आगे बढ़ाते हुए, एक व्यक्ति को यह पता चलता है कि वह अपनी आत्मा का स्वामी-माली है, और अपने जीवन का निर्देशक भी है। वह अपने भीतर, विचार के नियमों को भी प्रकट करता है, और लगातार बढ़ती सटीकता के साथ समझता

है कि विचार-शक्तियां और मन के तत्व उसके चरित्र, परिस्थितियों और भाग्य को आकार देने में कैसे काम करते हैं।

विचार और चरित्र एक हैं, और चूँकि चरित्र केवल पर्यावरण और परिस्थिति के माध्यम से ही प्रकट और खोज सकता है, किसी व्यक्ति के जीवन की बाहरी परिस्थितियाँ हमेशा उसकी आंतरिक स्थिति से सामंजस्यपूर्ण रूप से जुड़ी हुई पाई जाएंगी। इसका मतलब यह नहीं है कि किसी भी समय किसी व्यक्ति की परिस्थितियाँ उसके संपूर्ण चरित्र का संकेत होती हैं, बल्कि वे परिस्थितियाँ उसके भीतर के कुछ महत्वपूर्ण विचार-तत्वों से इतनी गहराई से जुड़ी होती हैं कि कुछ समय के लिए, वे उसके विकास के लिए अनिवार्य हैं।

प्रत्येक मनुष्य अपने अस्तित्व के नियम के अनुसार वहीं है जहां वह है; जिन विचारों को उन्होंने अपने चरित्र में रचा है, वे ही उन्हें वहां तक ले आये हैं। उसके जीवन की व्यवस्था में संयोग का कोई तत्व नहीं है, बल्कि सब कुछ एक नियम का परिणाम है जो गलती नहीं कर सकता। यह उन लोगों के लिए भी उतना ही सच है जो अपने परिवेश के साथ "असंबद्धता" (असमानता) महसूस करते हैं और उन लोगों के लिए भी जो उनसे संतुष्ट हैं।

एक प्रगतिशील और विकासशील प्राणी के रूप में, मनुष्य वहीं है जहाँ वह सीख सकता है कि वह विकसित हो सकता है; और जैसे ही वह आध्यात्मिक सबक सीखता है जो किसी भी परिस्थिति में उसके लिए होता है, वह ख़त्म हो जाता है और अन्य परिस्थितियों को जगह दे देता है।

मनुष्य परिस्थितियों से तभी तक प्रभावित होता है जब तक वह स्वयं को बाहरी परिस्थितियों का प्राणी मानता है। लेकिन जब उसे पता चलता है कि वह एक रचनात्मक शक्ति है, और वह अपने अस्तित्व की छिपी हुई मिट्टी और बीजों

पर नियंत्रण कर सकता है, जिनसे परिस्थितियाँ विकसित होती हैं, तो वह स्वयं का वास्तविक स्वामी बन जाता है।

यह बात हर उस व्यक्ति को पता है जिसने लंबे समय तक आत्म-नियंत्रण और आत्म-शुद्धि का अभ्यास किया है, क्योंकि उसने देखा होगा कि उसकी परिस्थितियों में परिवर्तन उसकी बदली हुई मानसिक स्थिति के सटीक अनुपात में हुआ है। यह बात इतनी सच है कि जब कोई व्यक्ति ईमानदारी से अपने चरित्र के दोषों को दूर करने के लिए खुद को लगाता है, और तेजी से और उल्लेखनीय प्रगति करता है, तो वह तेजी से उतार-चढ़ाव की एक श्रृंखला से गुज़रता है।

आत्मा उसे आकर्षित करती है जिसे वह गुप्त रूप से आश्रय देती है; वह जिससे वह प्रेम करता है, और वह भी जिससे वह डरता है; यह अपनी पोषित आकांक्षाओं की ऊंचाई तक पहुंचता है; यह अपनी बेदाग इच्छाओं के स्तर तक गिर जाता है - और परिस्थितियाँ वे साधन हैं जिनके द्वारा आत्मा अपनी इच्छाओं को प्राप्त करती है।

प्रत्येक विचार-बीज जो बोया जाता है या मन में पड़ने दिया जाता है, और वहां जड़ें जमा लेता है, अपना खुद का उत्पादन करता है, देर-सबेर कार्य में खिलता है, और अवसर और परिस्थिति के अनुसार अपना फल देता है। अच्छे विचार अच्छे फल देते हैं; बुरे विचार बुरे फल देते हैं।

परिस्थिति की बाहरी दुनिया खुद को विचार की आंतरिक दुनिया में आकार देती है, और सुखद और अप्रिय दोनों बाहरी परिस्थितियाँ ऐसे कारक हैं, जो व्यक्ति के अंतिम कल्याण के लिए बनती हैं। अपनी फसल काटने वाले के रूप में, मनुष्य कष्ट और आनंद दोनों से सीखता है।

अपनी अंतरतम इच्छाओं, आकांक्षाओं, विचारों का अनुसरण करते हुए, जिनके द्वारा वह स्वयं पर हावी होने की अनुमति देता है, एक व्यक्ति अंततः अपने

जीवन की बाहरी परिस्थितियों में उनकी प्राप्ति और पूर्ति तक पहुंचता है। विकास और समायोजन के नियम हर जगह लागू होते हैं।

कोई व्यक्ति भिक्षागृह या जेल में भाग्य या परिस्थिति के अत्याचार से नहीं, बल्कि तुच्छ विचारों और तुच्छ इच्छाओं के मार्ग से आता है। न ही शुद्ध मन वाला व्यक्ति किसी बाहरी ताकत के तनाव से अचानक अपराध में गिर जाता है; आपराधिक विचार लंबे समय से गुप्त रूप से दिल में पाला गया था, और अवसर की घड़ी ने इसकी एकत्रित शक्ति को प्रकट कर दिया। परिस्थितियाँ मनुष्य को नहीं बनातीं; यह उसे स्वयं प्रकट करता है। ऐसी कोई भी स्थिति मौजूद नहीं हो सकती है जैसे कि दुष्ट प्रवृत्तियों के अलावा बुराई और उसके सहवर्ती कष्टों में उतरना, या पुण्य आकांक्षाओं की निरंतर खेती के बिना सद्गुण और उसके शुद्ध सुख में चढ़ना। और इसलिए मनुष्य, विचार के स्वामी और स्वामी के रूप में, स्वयं का निर्माता, पर्यावरण को आकार देने वाला लेखक है। यहां तक कि जन्म के समय भी आत्मा अपने पास आती है और अपनी सांसारिक तीर्थयात्रा के हर कदम के माध्यम से, वह परिस्थितियों के उन संयोजनों को आकर्षित करती है जो खुद को प्रकट करते हैं, जो उसकी अपनी पवित्रता और अशुद्धता, उसकी ताकत और कमज़ोरी का प्रतिबिंब हैं।

पुरुष उस चीज़ से आकर्षित नहीं होते जो वे चाहते हैं, बल्कि उससे आकर्षित होते हैं जो वे हैं। उनकी सनक, इच्छाएं और महत्वाकांक्षाएं हर कदम पर विफल हो जाती हैं, लेकिन उनके अंतरतम विचार और इच्छाएं अपने ही भोजन से पोषित होती हैं, चाहे वह गंदा हो या साफ। "दिव्यता जो हमारे लक्ष्यों को आकार देती है" हमारे अंदर है; यह हमारा स्वयं है। केवल स्वयं ही मनुष्य को वश में करता है। विचार और कर्म भाग्य के जेलर हैं - वे आधार होने के कारण कैद करते हैं; वे स्वतंत्रता के देवदूत भी हैं - वे महान होते हुए भी मुक्ति दिलाते हैं। मनुष्य को

वह नहीं मिलता जो वह चाहता है और जिसके लिए प्रार्थना करता है, बल्कि वह मिलता है जो वह उचित रूप से कमाता है। उसकी इच्छाएँ और प्रार्थनाएँ तभी संतुष्ट होती हैं और उत्तर देती हैं जब वे उसके विचारों और कार्यों के साथ सामंजस्य स्थापित करती हैं।

इस सत्य के प्रकाश में, फिर "परिस्थितियों से लड़ने" का क्या अर्थ है? इसका मतलब यह है कि एक व्यक्ति लगातार बाहरी प्रभाव के खिलाफ विद्रोह कर रहा है, जबकि हर समय वह अपने दिल में उसके कारण का पोषण और संरक्षण कर रहा है। वह कारण किसी सचेतन दोष या अचेतन कमज़ोरी का रूप ले सकता है; लेकिन जो कुछ भी है, वह हठपूर्वक अपने मालिक के प्रयासों को धीमा कर देता है, और इस प्रकार उपचार के लिए ज़ोर-ज़ोर से पुकारता है।

पुरुष अपनी परिस्थितियों को सुधारने के लिए उत्सुक हैं, लेकिन स्वयं को सुधारने के लिए तैयार नहीं हैं; इसलिए वे बंधे रहते हैं। जो व्यक्ति आत्म-सूली पर चढ़ने से नहीं हिचकिचाता, वह उस उद्देश्य को पूरा करने में कभी असफल नहीं हो सकता जिस पर उसका दिल लगा हो। यह सांसारिक चीज़ों के साथ-साथ स्वर्गीय चीज़ों के बारे में भी उतना ही सच है। यहां तक कि जिस व्यक्ति का एकमात्र उद्देश्य धन प्राप्त करना है, उसे अपना उद्देश्य पूरा करने से पहले महान व्यक्तिगत बलिदान देने के लिए तैयार रहना चाहिए; और वह कितना अधिक होगा जो एक मज़बूत और सुव्यवस्थित जीवन का एहसास करेगा?

यहाँ एक आदमी है जो बेहद गरीब है। वह बेहद चिंतित है कि उसके परिवेश और घरेलू सुख-सुविधाओं में सुधार किया जाए, फिर भी वह हर समय अपने काम से जी चुराता है, और अपने वेतन की अपर्याप्तता के आधार पर अपने कर्मचारी (एम्प्लायर) को धोखा देने की कोशिश करना उचित समझता है। ऐसा व्यक्ति उन सिद्धांतों की सबसे सरल बुनियादी बातों को नहीं समझता है

जो सच्ची समृद्धि का आधार हैं। वह न केवल अपनी दयनीयता से बाहर निकलने में पूरी तरह से अयोग्य है, बल्कि वास्तव में निकम्मा धोखे और क्रूर विचारों में निवास करके और उन्हें कार्यान्वित करके और भी गहरी दयनीयता को अपनी ओर आकर्षित कर रहा है।

यहाँ एक अमीर आदमी है जो लोलुपता के परिणामस्वरूप एक दर्दनाक और लगातार बीमारी का शिकार है। वह इससे छुटकारा पाने के लिए बड़ी रकम देने को तैयार है, लेकिन वह अपनी लोलुप इच्छाओं का त्याग नहीं करेगा। वह अपने स्वाद को अत्यंत भारी और अप्राकृतिक व्यंजनों से संतुष्ट करना चाहता है और साथ ही अपने स्वास्थ्य को भी चाहता है। ऐसा व्यक्ति स्वास्थ्य पाने के लिए पूरी तरह से अयोग्य है, क्योंकि उसने अभी तक स्वस्थ जीवन के पहले सिद्धांतों को नहीं सीखा है।

एक मालिक जो मज़दूरी का भुगतान करने से बचने के लिए टेढ़ा उपाय अपनाता है, और, अधिक लाभ कमाने की आशा में, अपने श्रमिकों की मज़दूरी कम कर देता है। ऐसा व्यक्ति समृद्धि के लिए पूरी तरह से अयोग्य है, और जब वह खुद को प्रतिष्ठा और धन दोनों के संबंध में दिवालिया पाता है, तो वह परिस्थितियों को दोष देता है, यह नहीं जानते हुए कि वह अपनी स्थिति का एकमात्र लेखक है।

मैंने इन तीन मामलों को केवल इस सत्य के उदाहरण के रूप में प्रस्तुत किया है कि मनुष्य अपनी परिस्थितियों का मालिक है (हालाँकि लगभग हमेशा अनजाने में), और, एक अच्छे अंत का लक्ष्य रखते हुए, वह विचारों और इच्छाओं को प्रोत्साहित करके लगातार अपनी उपलब्धि को विफल कर रहा है। संभवतः उस अंत के साथ सामंजस्य नहीं बिठाया जा सकता। ऐसे मामलों को लगभग अनिश्चित काल तक बढ़ाया और बदला जा सकता है, लेकिन यह आवश्यक नहीं है, क्योंकि पाठक, यदि चाहे तो, अपने मन और जीवन में विचार के नियमों की

कार्रवाई का पता लगा सकता है, और जब तक ऐसा नहीं किया जाता है, तब तक केवल बाहरी तथ्य तर्क के आधार के रूप में कार्य नहीं कर सकता।

हालाँकि, परिस्थितियाँ इतनी जटिल हैं, विचार इतने गहरे हैं, और खुशी की स्थितियाँ व्यक्तियों के साथ इतनी भिन्न होती हैं, कि एक व्यक्ति की संपूर्ण आत्मा-स्थिति (हालांकि यह स्वयं को ज्ञात हो सकती है) को बाहरी पहलू से कोई अन्य व्यक्ति नहीं आंक सकता है। अकेले उसके जीवन का एक व्यक्ति कुछ दिशाओं में ईमानदार हो सकता है, फिर भी उसे अभाव सहना पड़ सकता है; एक व्यक्ति कुछ दिशाओं में बेईमान हो सकता है, फिर भी धन अर्जित कर सकता है; लेकिन आमतौर पर यह निष्कर्ष निकाला जाता है कि एक आदमी अपनी विशेष ईमानदारी के कारण असफल होता है, और दूसरा अपनी विशेष बेईमानी के कारण समृद्ध होता है, यह एक सतही निर्णय का परिणाम है, जो मानता है कि बेईमान आदमी लगभग पूरी तरह से भ्रष्ट है, और ईमानदार आदमी लगभग पूरी तरह से गुणी। गहन ज्ञान और व्यापक अनुभव के प्रकाश में, ऐसा निर्णय ग़लत पाया जाता है। बेईमान आदमी में कुछ सराहनीय गुण हो सकते हैं, जो दूसरे में नहीं होते; और ईमानदार आदमी में घृणित बुराइयाँ होती हैं, जो दूसरे में अनुपस्थित होती हैं। ईमानदार व्यक्ति अपने ईमानदार विचारों और कार्यों का अच्छा परिणाम प्राप्त करता है; वह अपने ऊपर कष्ट भी लाता है, जो अपने बुरे विचारों से बेईमान आदमी भी इसी तरह अपना दुख और सुख खुद ही बटोरता है।

मानवीय घमंड को यह विश्वास करना अच्छा लगता है कि कोई व्यक्ति अपने गुणों के कारण कष्ट भोगता है; लेकिन जब तक कोई व्यक्ति अपने मन से हर बीमार, कड़वे और अशुद्ध विचार को बाहर नहीं निकाल देता है, और अपनी आत्मा से हर पापपूर्ण दाग को धो नहीं लेता है, तब तक वह यह जानने और घोषित करने की स्थिति में नहीं हो सकता है कि उसके कष्ट उसके अच्छे का

परिणाम हैं, न कि उसके बुरे गुणों का। रास्ते में, उस सर्वोच्च पूर्णता तक पहुँचने से बहुत पहले, वह अपने मन और जीवन में काम करते हुए महान कानून को पा लेगा, जो बिल्कुल न्यायसंगत है, और जो, इसलिए, बुराई के लिए अच्छा, अच्छा के लिए बुराई नहीं दे सकता है। इस तरह के ज्ञान से युक्त, वह अपने पिछले अज्ञान और अंधेपन को देखते हुए जान जाएगा कि उसका जीवन हमेशा से ही न्यायपूर्ण ढंग से व्यवस्थित था, और उसके सभी पिछले अनुभव, अच्छे और बुरे, उसके विकास का न्यायसंगत परिणाम थे, फिर भी अविकसित था।

अच्छे विचार और कार्य कभी बुरे परिणाम नहीं दे सकते; बुरे विचार और कार्य कभी भी अच्छे परिणाम नहीं दे सकते। यह कहने का तात्पर्य यह है कि मकई से मकई के अलावा कुछ भी नहीं आ सकता है, घास से कुछ भी नहीं आ सकता है। पुरुष प्राकृतिक दुनिया में इस नियम को समझते हैं, और इसके साथ काम करते हैं; लेकिन मानसिक और नैतिक दुनिया में बहुत कम लोग इसे समझते हैं (हालाँकि वहाँ इसका संचालन उतना ही सरल और अविचल है), और इसलिए, वे इसके साथ सहयोग नहीं करते हैं।

दुख हमेशा किसी न किसी दिशा में गलत विचार का परिणाम होता है। यह एक संकेत है कि व्यक्ति का स्वयं के साथ, अपने अस्तित्व के नियम के साथ सामंजस्य नहीं है। पीड़ा का एकमात्र और सर्वोच्च उपयोग शुद्ध करना है; जो कुछ भी बेकार और अशुद्ध है, उसे जला देना है। जो शुद्ध है उसके लिए कष्ट समाप्त हो जाते हैं। मैल हटा दिए जाने के बाद सोने को जलाने में कोई आपत्ति नहीं हो सकती, और एक पूर्णतः शुद्ध और प्रबुद्ध व्यक्ति को कष्ट नहीं हो सकता।

जिन परिस्थितियों से मनुष्य को दुःख का सामना करना पड़ता है, वे उसकी मानसिक असामंजस्यता का ही परिणाम होती हैं। मनुष्य जिन परिस्थितियों का आनंदपूर्वक सामना करता है, वे उसकी मानसिक सद्भावना का ही परिणाम होती

हैं। आशीर्वाद, भौतिक संपत्ति नहीं, सही विचार का माप है। भौतिक संपत्ति की कमी नहीं बल्कि विपन्नता गलत विचार का पैमाना है। एक आदमी शापित और अमीर हो सकता है; वह धन्य और गरीब हो सकता है। आशीर्वाद और धन तभी एक साथ जुड़ते हैं जब धन का सही और बुद्धिमानी से उपयोग किया जाता है; और गरीब आदमी केवल तभी गरीबी में उतरता है जब वह अपने हिस्से को अन्यायपूर्वक थोपा गया बोझ मानता है।

दरिद्रता और भोग, दरिद्रता के दो चरम हैं। वे दोनों समान रूप से अस्वाभिक हैं और मानसिक विकार का परिणाम हैं। एक आदमी तब तक सही ढंग से अनुकूलित नहीं होता जब तक वह एक खुश, स्वस्थ और समृद्ध प्राणी न हो; और खुशी, स्वास्थ्य और समृद्धि मनुष्य के बाहरी के साथ आंतरिक, उसके परिवेश के साथ सामंजस्यपूर्ण समायोजन का परिणाम है।

एक इंसान तभी इंसान बनना शुरू करता है जब वह रोना-पीटना और निंदा करना बंद कर देता है, और उस छिपे हुए न्याय की खोज करना शुरू कर देता है जो उसके जीवन को नियंत्रित करता है। और जैसे ही वह अपने दिमाग को उस नियामक कारक के अनुकूल बनाता है, वह अपनी स्थिति के लिए दूसरों पर आरोप लगाना बंद कर देता है, और खुद को मज़बूत और महान विचारों में विकसित करता है। वह परिस्थितियों पर प्रहार करना बंद कर देता है, लेकिन उन्हें अपनी तीव्र प्रगति के लिए सहायक के रूप में और अपने भीतर छिपी शक्तियों और संभावनाओं की खोज के साधन के रूप में उपयोग करना शुरू कर देता है।

कानून, भ्रम नहीं, ब्रह्मांड में प्रमुख सिद्धांत है; न्याय, अन्याय नहीं, जीवन की आत्मा और सार है; और धार्मिकता, भ्रष्टाचार नहीं, दुनिया की आध्यात्मिक संस्कार को ढालने और आगे बढ़ाने वाली शक्ति है। ऐसा होने पर, मनुष्य को यह पता लगाने के लिए कि ब्रह्मांड सही है, बस खुद को सही करना होगा। खुद को

सही करने की प्रक्रिया के दौरान, वह पाएगा कि जैसे-जैसे वह चीज़ों और अन्य लोगों के प्रति अपने विचारों को बदलता है, चीज़ें और अन्य लोग उसके प्रति बदल जाएंगे।

इस सत्य का प्रमाण प्रत्येक व्यक्ति में है, और इसलिए यह व्यवस्थित आत्मनिरीक्षण और आत्म-विश्लेषण द्वारा आसान जांच को स्वीकार करता है। किसी व्यक्ति को अपने विचारों में आमूल-चूल परिवर्तन करने दीजिए, और वह यह देखकर चकित हो जाएगा कि यह उसके जीवन की भौतिक स्थितियों में तेज़ी से परिवर्तन लाएगा। मनुष्य कल्पना करते हैं कि विचार को गुप्त रखा जा सकता है, लेकिन ऐसा नहीं हो सकता; यह तेज़ी से आदत में बदल जाता है, और आदत ठोस होकर परिस्थिति में बदल जाती है। बुरे विचार नशे और कामुकता की आदतों में बदल जाते हैं, जो गरीबी और बीमारी की परिस्थितियों में बदल जाते हैं। ठीक वैसे ही जैसे हर तरह के अशुद्ध विचार विघ्न डालने वाली और भ्रमित करने वाली आदतों में बदल जाते हैं, जो विकराल और प्रतिकूल परिस्थितियों में बदल जाते हैं। भय, संदेह और अनिर्णय के विचार कमज़ोर, मर्दाना और असंयमी आदतों में बदल जाते हैं, जो विफलता, दरिद्रता और दासतापूर्ण निर्भरता की परिस्थितियों में जम जाते हैं। इसके अलावा, आलसी विचार अस्वच्छता और बेईमानी की आदतों में बदल जाते हैं, जो गंदगी और भिक्षावृत्ति की परिस्थितियों में बदल जाते हैं। घृणित और निंदात्मक विचार आरोप-प्रत्यारोप और हिंसा की आदतों में बदल जाते हैं, जो चोट और उत्पीड़न की परिस्थितियों में बदल जाते हैं। इसी तरह, सभी प्रकार के स्वार्थी विचार आत्म-खोज की आदतों में तब्दील हो जाते हैं, जो कमोबेश चिंताजनक परिस्थितियों में तब्दील हो जाते हैं। दूसरी ओर, सभी प्रकार के सुंदर विचार अनुग्रह और दयालुता की आदतों में बदल जाते हैं, जो सौहार्दपूर्ण और सुखद परिस्थितियों में ठोस हो जाते हैं। उदाहरण के लिए, शुद्ध

विचार संयम और आत्म-नियंत्रण की आदतों में बदल जाते हैं, जो विश्राम और शांति की परिस्थितियों में ठोस हो जाते हैं। साहस, आत्मनिर्भरता और निर्णय के विचार मर्दाना आदतों में बदल जाते हैं, जो सफलता, प्रचुरता और स्वतंत्रता की परिस्थितियों में ठोस हो जाते हैं। ऊर्जावान विचार स्वच्छता और उद्योग की आदतों में बदल जाते हैं, जो सुखदाता की परिस्थितियों में बदल जाते हैं। सौम्य और क्षमाशील विचार सज्जनता की आदतों में बदल जाते हैं, जो सुरक्षात्मक और संरक्षक परिस्थितियों में ठोस हो जाते हैं। प्रेमपूर्ण और निःस्वार्थ विचार दूसरों के लिए आत्म-विस्मृति की आदतों में बदल जाते हैं, जो निश्चित और स्थायी समृद्धि और सच्ची समृद्धि की परिस्थितियों में बदल जाते हैं।

विचार की एक विशेष धारा, चाहे वह अच्छी हो या बुरी, चरित्र और परिस्थितियों पर अपना परिणाम देने में असफल नहीं हो सकती। कोई व्यक्ति सीधे तौर पर अपनी परिस्थितियों को नहीं चुन सकता है, लेकिन वह अपने विचारों को चुन सकता है, और इसलिए अप्रत्यक्ष रूप से, फिर भी निश्चित रूप से, अपनी परिस्थितियों को आकार देता है।

प्रकृति प्रत्येक मनुष्य को विचारों की संतुष्टि के लिए मदद करती है, जिसे वह सबसे अधिक प्रोत्साहित करता है, और ऐसे अवसर प्रस्तुत किए जाते हैं जो सबसे तेज़ी से अच्छे और बुरे दोनों विचारों को सतह पर लाएंगे।

मनुष्य अपने पापपूर्ण विचारों को त्याग दे, तो सारा संसार उसके प्रति नरम हो जाएगा, और उसकी सहायता करने के लिए तैयार हो जाएगा। उसे अपने कमज़ोर और कुत्सित विचारों को दूर करने दें, और देखिए, उसके मज़बूत संकल्पों की सहायता के लिए हर हाथ से अवसर सामने आएंगे। उसे अच्छे विचारों को प्रोत्साहित करने दें, और कोई भी कठिन भाग्य उसे मनहूसियत और शर्मिंदगी में नहीं बांधेगा। दुनिया आपका बहुरूपदर्शक है, और रंगों के विभिन्न संयोजन, जो

हर अगले क्षण में आपके सामने प्रस्तुत होते हैं, आपके निरंतर गतिशील विचारों की उत्कृष्ट रूप से समायोजित तस्वीरें हैं।

"तो तुम वही बनोगे जो तुम बनना चाहोगे;

असफलता की इस घटिया शब्द,

'पर्यावरण' मे अपनी झूठी सामग्री खोजने दे,

लेकिन आत्मा इसका तिरस्कार करती है, वह स्वतंत्र है।

यह समय पर विजय प्राप्त करता है,

यह अंतरिक्ष पर विजय प्राप्त करता है;

यह उस घमंडी चालबाज़, सम्भावना को डरा देता है,

और अत्याचारी परिस्थिति को बेदखल कर देता है।

और एक नौकर की जगह भर देता है।

मानवीय इच्छाशक्ति, वह अदृश्य शक्ति;

एक अमर आत्मा की सन्तान,

किसी भी लक्ष्य तक पहुँचने का रास्ता बना सकती है।

हालांकि ग्रेनाइट की दीवारे हस्त क्षेप करती है।

देर में अधीर न हो।

परन्तु, समझने वाले की प्रतीक्षा करें;

जब आत्मा उठती है और आदेश देती है,

तो देवता उस का पालन करने के लिए तैयार होते हैं।"

3

स्वास्थ्य और शरीर पर विचार का प्रभाव

शरीर मन का सेवक है। यह मन की गतिविधियों का पालन करता है, चाहे उन्हें जानबूझकर चुना गया हो या स्वचालित रूप से व्यक्त किया गया हो। गैरकानूनी विचारों के आदेश पर, शरीर तेज़ी से बीमारी और क्षय में डूब जाता है; आनंदमय और सुंदर विचारों के आदेश पर कैसे आच्छादित किया जाता है।

बीमारी और स्वास्थ्य, परिस्थितियों की तरह, विचार में निहित हैं। कुत्सित विचार स्वयं को कुत्सित शरीर के माध्यम से व्यक्त करेंगे। ऐसा माना जाता है कि डर के विचार किसी व्यक्ति को गोली से मार देते हैं, और हालाँकि बेमतलबी से लगातार हज़ारों लोगों को मार रहे हैं । जो लोग बीमारी के डर में रहते हैं वही लोग बीमारी की चपेट में आते हैं। चिंता शीघ्र ही पूरे शरीर को हतोत्साहित कर देती है, और उसे बीमारी की चपेट में ले लेती है; जबकि अशुद्ध विचार, भले ही शारीरिक रूप से शामिल न हों, जल्द ही तंत्रिका तंत्र को चकनाचूर कर देंगे।

मज़बूत, शुद्ध और प्रसन्न विचार शरीर को जोश और अनुग्रह से भर देते हैं। शरीर एक नाज़ुक और प्लास्टिक उपकरण है, जो उन विचारों पर तुरंत प्रतिक्रिया

करता है जिनसे वह प्रभावित होता है, और विचार की आदतें उस पर अपना अच्छा या बुरा प्रभाव डालती हैं।

जब तक मनुष्य अशुद्ध विचारों का प्रचार करते रहेंगे, तब तक उनका खून अशुद्ध और ज़हरीला बना रहेगा। स्वच्छ हृदय से स्वच्छ जीवन और स्वच्छ शरीर निकलता है। अपवित्र मन से अपवित्र जीवन और भ्रष्ट शरीर उत्पन्न होता है। विचार क्रिया, जीवन और अभिव्यक्ति का स्रोत है; स्रोत को शुद्ध करो, तो सब शुद्ध हो जाएगा।

आहार परिवर्तन से उस व्यक्ति को कोई मदद नहीं मिलेगी जो अपने विचार नहीं बदलेगा। जब मनुष्य अपने विचारों को शुद्ध बना लेता है तो उसे अशुद्ध भोजन की इच्छा नहीं रहती।

स्वच्छ विचार ही स्वच्छ आदतें बनाते हैं। जो तथाकथित साधु अपना शरीर नहीं धोता, वह साधु नहीं है। जिसने अपने विचारों को सुदृढ़ और शुद्ध कर लिया है, उसे दुष्ट सूक्ष्म जीव पर विचार करने की आवश्यकता नहीं है।

जैसे आप अपने शरीर की रक्षा करेंगे, अपने मन की रक्षा करेंगे। यदि तुम अपने शरीर को नवीनीकृत करोगे, तो अपने मन को सुंदर बनाओगे। द्वेष, ईर्ष्या, निराशा और हताशा के विचार शरीर के स्वास्थ्य और अनुग्रह को छीन लेते हैं। खट्टा चेहरा यूं ही नहीं आता; यह खट्टे विचारों से बनता है। झुर्रियाँ जो खराब करती हैं वे मूर्खता, जुनून और गर्व से खींची जाती हैं।

मैं छियानवे साल की एक महिला को जानता हूं जिसका चेहरा एक लड़की जैसा उज्ज्वल, मासूम चेहरा है। मैं अधेड़ उम्र से कम उम्र के एक व्यक्ति को अच्छी तरह से जानता हूं जिसका चेहरा असंगत आकृतियों में खींचा गया है। एक मधुर और प्रसन्न स्वभाव का परिणाम है; दूसरा जुनून और असंतोष का परिणाम है।

जैसे कि जब तक आप अपने कमरे में हवा और धूप को स्वतंत्र रूप से प्रवेश नहीं देते तब तक आपको एक मधुर और स्वस्थ निवास नहीं मिल सकता है, उसी प्रकार एक मज़बूत शरीर और एक उज्ज्वल, खुश या शांत चेहरा केवल खुशी, सद्भावना और विचारों के मन में स्वतंत्र प्रवेश से ही प्राप्त हो सकता है। शांति।

वृद्धों के चेहरों पर सहानुभूति से बनी झुर्रियाँ होती हैं, दूसरों के चेहरे पर मज़बूत और शुद्ध विचार से, और दूसरों के चेहरे पर जुनून से बनी झुर्रियाँ होती हैं: कौन उन्हें अलग नहीं कर सकता? जो लोग धार्मिकता से जीवन जीते हैं, उनके लिए उम्र ढलते सूरज की तरह शांत और मृदुल होती है। मैंने हाल ही में एक दार्शनिक को उसकी मृत्यु शय्या पर देखा है। वर्षों को छोड़कर वह बूढ़ा नहीं था। वह जितनी मधुरता और शांति से जिए थे, उतनी ही मधुरता और शांति से मर गए।

शरीर की बीमारियों को दूर करने के लिए हर्षित विचार के समान कोई चिकित्सक नहीं है; दुख और दुःख की छाया को दूर करने के लिए सद्भावना की तुलना में कोई सांत्वना देने वाला नहीं है। लगातार दुर्भावना, संशय, संदेह और ईर्ष्या के विचारों में रहना, स्व-निर्मित जेल-खाने में कैद होना है। लेकिन सभी के बारे में अच्छा सोचना, सभी के साथ खुश रहना, धैर्यपूर्वक सभी में अच्छाई ढूंढना सीखना - ऐसे निःस्वार्थ विचार ही स्वर्ग के द्वार हैं। प्रत्येक प्राणी के प्रति प्रतिदिन शांति के विचारों में रहने से उनके स्वामी को अत्यधिक शांति मिलेगी।

4

विचार और उद्देश्य

जब तक विचार उद्देश्य से नहीं जुड़ा होता तब तक कोई बुद्धिमानीपूर्ण उपलब्धि नहीं होती। विचार की छाल को जीवन के सागर में बहने की बहुमत के साथ, अनुमति है। लक्ष्यहीनता एक बुराई है, और जो इसे चलाएगा उसे इस तरह का तबाही और विनाश भटकाव जारी नहीं रखना।

जिनके जीवन में कोई केंद्रीय उद्देश्य नहीं है वे छोटी-छोटी चिंताओं, भय, परेशानियों और आत्म-दया का आसान शिकार बन जाते हैं। ये सभी कमज़ोरी के संकेत हैं, जो निश्चित रूप से जानबूझकर योजनाबद्ध पापों की ओर ले जाते हैं (हालांकि एक अलग मार्ग से), असफलता, दुःख और हानि के लिए, क्योंकि शक्ति विकसित करने वाले ब्रह्मांड में कमज़ोरी बनी नहीं रह सकती।

मनुष्य को अपने हृदय में एक वैध उद्देश्य की कल्पना करनी चाहिए और उसे पूरा करने के लिए निकल पड़ना चाहिए। उसे इस उद्देश्य को अपने विचारों का केन्द्रीयकरण बिन्दु बनाना चाहिए। यह उस समय उसकी प्रकृति के अनुसार आध्यात्मिक सौदे का रूप ले सकता है, या यह एक सांसारिक वस्तु हो सकती है; लेकिन जो भी हो, उसे लगातार अपनी विचार-शक्ति को उस वस्तु पर केंद्रित

करना चाहिए, जिसे उसने अपने सामने रखा है। उसे इस उद्देश्य को अपना सर्वोच्च कर्तव्य बनाना चाहिए, और इसकी प्राप्ति के लिए खुद को समर्पित करना चाहिए, अपने विचारों को क्षणभंगुर कल्पनाओं, लालसाओं और कल्पनाओं में भटकने नहीं देना चाहिए। यह आत्म-नियंत्रण और विचार की सच्ची एकाग्रता का शाही मार्ग है। भले ही वह अपने उद्देश्य को पूरा करने में बार-बार असफल हो (जैसा कि कमज़ोरी दूर होने तक उसे अवश्य करना चाहिए), प्राप्त चरित्र की ताकत ही उसकी सच्ची सफलता का माप होगी, और यह भविष्य की शक्ति और विजय के लिए एक नया प्रारंभिक बिंदु बनेगी।

जो लोग किसी महान उद्देश्य की प्राप्ति के लिए तैयार नहीं हैं, उन्हें अपने कर्तव्य के दोषरहित प्रदर्शन पर ध्यान केंद्रित करना चाहिए, चाहे उनका कार्य कितना भी महत्वहीन क्यों न लगे। केवल इसी तरह से विचारों को इकट्ठा और केंद्रित किया जा सकता है, और संकल्प और ऊर्जा विकसित की जा सकती है, जिसे पूरा करने के बाद ऐसा कुछ भी नहीं है जो पूरा न किया जा सके।

सबसे कमज़ोर आत्मा, अपनी कमज़ोरी को जानते हुए, और इस सत्य पर विश्वास करते हुए कि शक्ति केवल प्रयास और अभ्यास से ही विकसित की जा सकती है, इस प्रकार विश्वास करते हुए, तुरंत खुद को प्रयास करना शुरू कर देगी, और प्रयास में प्रयास, धैर्य में धैर्य और शक्ति में जोड़ देगी। शक्ति, विकसित होना कभी बंद नहीं होगी, और अंततः दैवीय रूप से मजबूत हो जाएगी।

जिस प्रकार शारीरिक रूप से कमज़ोर व्यक्ति सावधानीपूर्वक और धैर्यपूर्वक प्रशिक्षण द्वारा स्वयं को मजबूत बना सकता है, उसी प्रकार कमज़ोर विचारों वाला व्यक्ति सही सोच का अभ्यास करके स्वयं को मजबूत बना सकता है।

लक्ष्यहीनता और कमज़ोरी को दूर करना और उद्देश्य के साथ सोचना शुरू करना, उन *मज़बूत* लोगों की श्रेणी में प्रवेश करना है जो केवल असफलता को

उपलब्धि के मार्गों में से एक के रूप में पहचानें; जो सभी परिस्थितियों को अपने अनुकूल बनाते हैं, और जो दृढ़ता से सोचते हैं, निडरता से प्रयास करते हैं, और निपुणता से पूरा करते हैं।

अपने उद्देश्य की कल्पना करने के बाद, एक व्यक्ति को मानसिक रूप से इसे प्राप्त करने के लिए एक सीधा रास्ता चिह्नित करना चाहिए, न तो दाएं और न ही बाएं। शंकाओं और आशंकाओं को सख्ती से बाहर रखा जाना चाहिए; वे विघटनकारी तत्व हैं, जो प्रयास की सीधी रेखा को तोड़ देते हैं, उसे टेढ़ा, अप्रभावी, बेकार बना देते हैं। संदेह और डर के विचारों से कभी कुछ हासिल नहीं हुआ और न कभी हो सकता है। वे सदैव असफलता की ओर ले जाते हैं। उद्देश्य, ऊर्जा, कार्य करने की शक्ति और सभी मजबूत विचार तब समाप्त हो जाते हैं जब संदेह और भय घर कर आते हैं।

करने की इच्छा उस ज्ञान से उत्पन्न होती है जो हम कर सकते हैं। संदेह और भय ज्ञान के महान शत्रु हैं, और जो उन्हें प्रोत्साहित करता है, जो उन्हें नहीं मारता, वह हर कदम पर खुद को विफल कर देता है।

जिसने संदेह और भय पर विजय पा ली उसने असफलता पर विजय पा ली। उनका हर विचार शक्ति से जुड़ा हुआ है, और सभी कठिनाइयों का बहादुरी से सामना किया जाता है और बुद्धिमानी से पार किया जाता है। उनका उद्देश्य मौसम के अनुसार रोपण करना है, और वे खिलते हैं और फल लाते हैं, जो समय से पहले ज़मीन पर नहीं गिरते हैं।

उद्देश्य से निडरता से जुड़ा हुआ विचार रचनात्मक शक्ति बन जाता है: जो यह जानता है वह केवल ढुलमुल विचारों और उतार-चढ़ाव वाली संवेदनाओं के बंडल से कुछ ऊंचा और मजबूत बनने के लिए तैयार है; जो ऐसा करता है वह अपनी मानसिक शक्तियों का सचेतन और बुद्धिमान स्वामी बन गया है।

5

उपलब्धि में विचार-कारक

मनुष्य जो कुछ भी हासिल करता है और जो कुछ भी वह हासिल नहीं कर पाता है, वह सब उसके अपने विचारों का प्रत्यक्ष परिणाम है। एक उचित रूप से व्यवस्थित ब्रह्मांड में, जहां संतुलन के नुकसान का मतलब कुल विनाश होगा, व्यक्तिगत ज़िम्मेदारी पूर्ण होनी चाहिए। मनुष्य की कमज़ोरी और ताकत, पवित्रता और अपवित्रता, उसकी अपनी होती है, दूसरे मनुष्य की नहीं; वे उसके ही द्वारा उत्पन्न होते हैं, किसी दूसरे के द्वारा नहीं; और उन्हें केवल उसके द्वारा ही बदला जा सकता है, दूसरे द्वारा कभी नहीं। उसकी हालत भी उसकी अपनी है, किसी दूसरे आदमी की नहीं। उसकी पीड़ा और उसकी ख़ुशी भीतर से विकसित होती है। वह जैसा सोचता है, वैसा ही होता है;

वह जैसा सोचता रहता है, वैसा ही बना रहता है।

एक ताकतवर आदमी किसी कमज़ोर की मदद नहीं कर सकता जब तक कि वह कमज़ोर आदमी मदद के लिए तैयार न हो। अपने आप में मजबूत; उसे

अपने प्रयासों से वह शक्ति विकसित करनी होगी जिसकी वह दूसरे में प्रशंसा करता है। उसकी स्थिति को उसके अलावा कोई नहीं बदल सकता।

पुरुषों के लिए यह सोचना और कहना आम बात है, "बहुत से लोग गुलाम हैं क्योंकि एक व्यक्ति अत्याचारी है; आइए हम उत्पीड़क से घृणा करें।" हालाँकि, अब कुछ लोगों में इस फैसले को पलटने और यह कहने की प्रवृत्ति बढ़ रही है, "एक आदमी अत्याचारी है क्योंकि कई गुलाम हैं; लेकिन एक आदमी अत्याचारी है, क्योंकि बहुत से लोग गुलाम हैं। आइए हम दासों का तिरस्कार करें।"

सच तो यह है कि उत्पीड़क और गुलाम अज्ञानतावश एक-दूसरे के सहयोगी होते हैं और एक-दूसरे को कष्ट देते प्रतीत होते हुए भी वास्तव में स्वयं को ही कष्ट पहुँचाते हैं। एक पूर्ण ज्ञान उत्पीड़ितों की कमज़ोरी में कानून की कार्रवाई और उत्पीड़क की शक्ति के गलत इस्तेमाल को समझता है; एक पूर्ण प्रेम, उस पीड़ा को देखकर, जो दोनों अवस्थाओं में होती है, किसी की भी निंदा नहीं करता; करुणा उत्पीड़क और उत्पीड़ित दोनों को गले लगाती है।

जिसने कमज़ोरी पर विजय पा ली है और सभी स्वार्थी विचारों को दूर कर दिया है, वह न तो उत्पीड़क का है और न ही उत्पीड़ित का। वह स्वतंत्र है।

मनुष्य केवल अपने विचारों को ऊपर उठाकर ही उठ सकता है, जीत सकता है और हासिल कर सकता है। वह अपने विचारों को ऊपर उठाने से इनकार करके केवल कमज़ोर, दीन और दुखी बना रह सकता है।

इससे पहले कि कोई व्यक्ति कुछ भी हासिल कर सके, यहां तक कि सांसारिक चीज़ों में भी, उसे अपने विचारों को गुलाम पशु भोग से ऊपर उठाना होगा। सफल होने के लिए, वह किसी भी तरह से सभी पशुता और स्वार्थ को नहीं छोड़ सकता; लेकिन इसका एक हिस्सा, कम से कम, बलिदान किया जाना चाहिए। एक व्यक्ति जिसका पहला विचार पाशविक भोग-विलास है वह न तो स्पष्ट रूप से सोच सकता

है और न ही व्यवस्थित रूप से योजना बना सकता है; वह अपने गुप्त संसाधनों को खोज और विकसित नहीं कर सका, और किसी भी उपक्रम में असफल हो जाएगा। यदि उसने अपने विचारों को ढंग से नियंत्रित करना शुरू कर दिया है, तो वह मामलों को नियंत्रित करने और गंभीर जिम्मेदारियाँ अपनाने की स्थिति में नहीं है। वह स्वतंत्र रूप से कार्य करने और अकेले खड़े रहने के योग्य नहीं है। लेकिन वह केवल उन विचारों तक ही सीमित है, जिन्हें वह चुनता है।

त्याग के बिना कोई प्रगति नहीं हो सकती, कोई उपलब्धि नहीं हो सकती, और मनुष्य की सांसारिक सफलता इसी मात्रा में होगी कि वह अपने भ्रमित पाशविक विचारों का त्याग कर दे, अपने मन को अपनी योजनाओं के विकास और अपने संकल्प और आत्मनिर्भरता को मजबूत करने पर केंद्रित कर दे। और वह अपने विचारों को जितना ऊँचा उठाएगा, वह उतना ही अधिक मर्दाना, ईमानदार और धर्मात्मा बनेगा, उसकी सफलता उतनी ही अधिक होगी, उसकी उपलब्धियाँ उतनी ही अधिक धन्य और स्थायी होंगी। ब्रह्माण्ड लालची, बेईमान, दुष्टों का पक्ष नहीं लेता, हालाँकि सतही तौर पर कभी-कभी ऐसा प्रतीत हो सकता है; यह ईमानदार, उदार, गुणी लोगों की मदद करता है। युगों के सभी महान शिक्षकों ने इसे अलग-अलग रूपों में घोषित किया है, और इसे साबित करने और जानने के लिए, मनुष्य को केवल प्रयास करना होगा।

अपने विचारों को ऊपर उठाकर स्वयं अधिक से अधिक सदाचारी बन जाता है।

बौद्धिक उपलब्धियाँ ज्ञान की खोज, या जीवन और प्रकृति में सुंदर और सत्य की खोज के लिए समर्पित विचार का परिणाम हैं। ऐसी उपलब्धियाँ कभी-कभी घमंड और महत्वाकांक्षा से जुड़ी हो सकती हैं, लेकिन वे उन विशेषताओं का

परिणाम नहीं हैं; वे लंबे और कठिन प्रयास और शुद्ध और निःस्वार्थ विचारों की स्वाभाविक उपज हैं।

आध्यात्मिक उपलब्धियाँ पवित्र आकांक्षाओं की परिणति हैं। वह जो निरंतर श्रेष्ठ और ऊंचे विचारों की अवधारणा में रहता है, जो शुद्ध और निःस्वार्थ सभी चीजों पर ध्यान देता है, वह निश्चित रूप से, जैसे सूर्य अपने चरम पर और चंद्रमा अपनी पूर्णता पर पहुंचता है, बुद्धिमान और चरित्र में महान बन जाएगा, और एक महान व्यक्ति बन जाएगा। प्रभाव और आशीर्वाद की स्थिति उपलब्धि, चाहे किसी भी प्रकार की हो, प्रयास का मुकुट, विचार का मुकुट है। आत्म-नियंत्रण, संकल्प, पवित्रता, धार्मिकता और सुनिर्देशित विचार की सहायता से मनुष्य पशुता, आलस्य, अशुद्धता, भ्रष्टाचार और विचारों की उलझन से ऊपर उठता है।

एक व्यक्ति दुनिया में और यहां तक कि आध्यात्मिक क्षेत्र में भी ऊंचाइयों तक पहुंच सकता है, और अहंकारी, स्वार्थी और भ्रष्ट विचारों को अपने ऊपर हावी होने की अनुमति देकर फिर से कमज़ोरी और विपन्नता में गिर सकता है।

सही विचार से प्राप्त जीत को केवल सतर्कता से ही बरकरार रखा जा सकता है। जब सफलता सुनिश्चित हो जाती है तो कई लोग हार मान लेते हैं और तेज़ी से असफलता की ओर लौट जाते हैं।

सभी उपलब्धियाँ, चाहे व्यावसायिक, बौद्धिक या आध्यात्मिक जगत में हों, निश्चित रूप से निर्देशित विचार का परिणाम हैं। वे एक ही कानून द्वारा शासित होते हैं और एक ही पद्धति के होते हैं; एकमात्र अंतर प्राप्ति की वस्तु में है।

जो थोड़ा हासिल करना चाहता है उसे थोड़ा त्याग करना होगा; जो बहुत कुछ हासिल करना चाहता है उसे बहुत त्याग करना होगा; जो बहुत कुछ हासिल करना चाहता है उसे बहुत त्याग करना होगा।

6

दर्शन और आदर्श

सपने देखने वाले दुनिया के रक्षक हैं। जैसे दृश्य संसार अदृश्य द्वारा कायम है, वैसे ही मनुष्य, अपने सभी परीक्षणों और पापों और घिनौने व्यवसायों के माध्यम से, अपने अकेले सपने देखने वालों के सुंदर दृश्यों से पोषित होते हैं। मानवता अपने सपने देखने वालों को नहीं भूल सकती; यह उनके आदर्शों को धूमिल और ख़त्म नहीं होने दे सकता; यह उनमें रहता है; यह उन्हें वैसे ही जानता है जैसे वे उन वास्तविकताओं को जानते हैं जो यह करेगा।

एक दिन देखोगे और जानोगे, संगीतकार, मूर्तिकार, चित्रकार, कवि, पैगंबर, ऋषि - ये परलोक के निर्माता, स्वर्ग के वास्तुकार हैं। दुनिया खूबसूरत है क्योंकि वे जी चुके हैं; उनके बिना मेहनतकश मानवता नष्ट हो जायेगी।

जो अपने हृदय में एक सुन्दर दृष्टि, एक ऊँचे आदर्श को संजोता है, उसे एक दिन इसका एहसास अवश्य होता है। कोलंबस के मन में दूसरी दुनिया का सपना था और उसने इसकी खोज की; कॉपरनिकस ने किसकी दृष्टि को बढ़ावा दिया?

विश्वों की बहुलता और एक व्यापक ब्रह्मांड, और उन्होंने इसे प्रकट किया; बुद्ध ने निर्मल सौंदर्य और पूर्ण शांति की आध्यात्मिक दुनिया का दर्शन किया और उसमें प्रवेश किया।

अपने दर्शनों को संजोएं; अपने आदर्शों को संजोएं; उस संगीत को संजोएं जो आपके दिल में हलचल मचाता है, वह सुंदरता जो आपके दिमाग में बनती है, वह सुंदरता जो आपके शुद्धतम विचारों को लपेटती है, क्योंकि उनमें से सभी रमणीय स्थितियाँ, सभी स्वर्गीय वातावरण विकसित होंगे। यदि आप उनके प्रति सच्चे रहेंगे, तो अंततः आपकी दुनिया बन जायेगी।

इच्छा प्राप्त करना है; आकांक्षा हासिल करना है। क्या मनुष्य की सबसे बुनियादी इच्छाओं को पूर्ण संतुष्टि मिलेगी, और उसकी शुद्धतम आकांक्षाएं भोजन के अभाव में भूखी रहेंगी? ऐसा कानून नहीं है: चीजों की ऐसी स्थिति कभी भी प्राप्त नहीं की जा सकती: "मांगो और प्राप्त करो।"

ऊँचे-ऊँचे सपने देखो, और जैसे तुम सपने देखोगे, वैसे ही तुम बन जाओगे। आपकी दृष्टि इस बात का वादा है कि आप एक दिन क्या बनेंगे; आपका आदर्श वह भविष्यवाणी है जिसका आप अंततः अनावरण करेंगे।

सबसे बड़ी उपलब्धि पहले समय के लिए एक सपना थी। ओक बलूत के फल में सोता है; पक्षी अंडे में प्रतीक्षा कर रहा है; और आत्मा की उच्चतम दृष्टि में, एक जाग्रत देवदूत हलचल मचाता है। सपने हकीकत के अंकुर हैं। आपकी परिस्थितियाँ प्रतिकूल हो सकती हैं, लेकिन यदि आप किसी आदर्श को समझते हैं और उस तक पहुँचने का प्रयास करते हैं तो वे अधिक समय तक ऐसी नहीं रहेंगी। आप भीतर *यात्रा नहीं* कर सकते और बाहर *स्थिर खड़े नहीं* रह सकते। यहाँ एक युवा है जो ग़रीबी और मज़दूरी से बुरी तरह दबा हुआ है; एक अस्वस्थ कार्यशाला में लंबे समय तक सीमित रहना; अशिक्षित, और परिष्कार की सभी कलाओं का

अभाव है। लेकिन वह बेहतर चीज़ों का सपना देखता है; वह बुद्धिमत्ता, परिष्कार, अनुग्रह और सुंदरता के बारे में सोचता है। वह जीवन की एक आदर्श स्थिति की कल्पना करता है, मानसिक रूप से उसका निर्माण करता है; एक की दृष्टि में व्यापक स्वतंत्रता और बड़ा दायरा उस पर कब्ज़ा कर लेता है; अशांति उसे कार्रवाई करने के लिए प्रेरित करती है, और वह अपने सभी खाली समय और साधनों का उपयोग करता है, भले ही वे छोटे हों, अपनी गुप्त शक्तियों और संसाधनों के विकास के लिए है। बहुत जल्द, उसका मन इतना बदल गया कि कार्यशाला अब उसे रोक नहीं सकती। यह उसकी मानसिकता के साथ इतना असंगत हो गया है कि यह उसके जीवन से ऐसे बाहर हो जाता है जैसे एक कपड़ा एक तरफ फेंक दिया जाता है, और, अवसरों की वृद्धि के साथ, जो उसकी विस्तारित शक्तियों के दायरे में फिट होते हैं, वह हमेशा के लिए इससे बाहर हो जाता है। वर्षों बाद, हम इस युवा को एक पूर्ण विकसित व्यक्ति के रूप में देखते हैं। हम उसे मन की कुछ शक्तियों का स्वामी पाते हैं, जिसका उपयोग वह विश्वव्यापी प्रभाव और लगभग अप्रतिम शक्ति के साथ करता है। उसके हाथों में विशाल ज़िम्मेदारियों की डोर है; वह बोलता है, और देखता है, कि जीवन बदल जाता है! पुरुष और महिलाएं उसके शब्दों पर टिके रहते हैं और अपने चरित्रों को आकार देते हैं, और, सूर्य की तरह, वह स्थिर और चमकदार केंद्र बन जाता है जिसके चारों ओर असंख्य नियतियाँ घूमती हैं। उन्हें अपनी युवावस्था के सपने का एहसास हो गया है। वह अपने आदर्श के साथ एक हो गये हैं।

आप भी, युवा पाठक, अपने दिल की दृष्टि (न कि निष्क्रिय इच्छा) को महसूस करेंगे, चाहे वह आधार हो या सुंदर, या दोनों का मिश्रण हो, क्योंकि आप हमेशा उस चीज़ की ओर आकर्षित होंगे जिसे आप सबसे अधिक प्यार करते हैं, भले ही गुप्त रूप से। दूसरी ओर आपके अपने विचारों के सटीक परिणाम आपके

हाथों में रखे जाएंगे; जो कुछ तुम कमाओगे वहीं तुम्हें मिलेगा; ना ज्यादा ना कम। आपका वर्तमान परिवेश कैसा भी हो, आप अपने विचारों, अपनी दृष्टि, अपने आदर्श से गिरेंगे, रहेंगे या उठेंगे। आपकी नियंत्रित इच्छा जितनी कम हो जायेगी, और अपनी प्रबल आकांक्षा उतनी महान हो जायेगी। स्टैंटन किर्कम डेविस के सुंदर शब्दों में, "आप हिसाब-किताब रख रहे होंगे, और आप उस दरवाजे से बाहर निकल जाएंगे जो इतने लंबे समय से आपको आपके आदर्शों की बाधा लग रही थी, और आप खुद को दर्शकों के सामने पाएंगे - कलम अभी भी आपके कान के पीछे है, आपकी उंगलियों पर स्याही के दाग हैं और तब-तब आपकी प्रेरणा की धार बह निकलेगी। हो सकता है कि तुम भेड़-बकरियां हांक रहे हो, और तुम शहर में भटकते हुए अपने गाइड के पास पहोंचो और कुछ समय बाद वह कहेगा, 'मेरे पास तुम्हें सिखाने के लिए और कुछ नहीं है।' और अब आप उस्ताद बन गए हैं, जिसने हाल ही में भेड़ें हांकते हुए बड़े-बड़े सपने देखे थे। आप दुनिया के पुनरुत्थान को अपने ऊपर लेने के लिए सब न्योछावर कर देंगे।

विचारहीन, अज्ञानी और अकर्मण्य, चीजों के केवल स्पष्ट प्रभावों को देखते हैं, चीजों को नहीं, और भाग्य, सौभाग्य और संयोग की बात करते हैं। किसी आदमी को अमीर होते देखकर वे कहते हैं, "वह कितना भाग्यशाली है!" दूसरे को बौद्धिक बनते देखकर वे चिल्लाते हैं, "वह कितना पसंदीदा व्यक्ति है!" और दूसरे के संत चरित्र और व्यापक प्रभाव को देखते हुए, वे टिप्पणी करते हैं, "कैसे नियति हर मोड़ पर उसकी सहायता करती है!" वे उन परीक्षणों, असफलताओं और संघर्षों को नहीं देखते हैं जिनका इन लोगों ने अपना अनुभव प्राप्त करने के लिए स्वेच्छा से सामना किया है। आलोचना करने वालों को उनके द्वारा किए गए बलिदानों, उनके द्वारा किए गए निडर प्रयासों, उनके द्वारा किए गए विश्वास के बारे में कोई ज्ञान नहीं है, ताकि वे स्पष्ट रूप से दुर्गम पर विजय प्राप्त कर सकें,

और अपने दिल की दृष्टि को साकार कर सकें। वे अँधेरे और हृदय की पीड़ा को नहीं जानते; वे केवल प्रकाश और आनंद देखते हैं, और इसे "भाग्य" कहते हैं। वे लंबी और कठिन यात्रा को नहीं देखते हैं, बल्कि केवल सुखद लक्ष्य को देखते हैं, और इसे "सौभाग्य" कहते हैं, प्रक्रिया को नहीं समझते हैं, बल्कि केवल परिणाम को देखते हैं, और इसे भाग्य कहते हैं।

सभी मानवीय मामलों में *प्रयास* होते हैं, और *परिणाम* होते हैं, और प्रयास की ताकत ही परिणाम का माप है। उपहार, शक्तियाँ, भौतिक, बौद्धिक और आध्यात्मिक संपत्तियाँ प्रयास के फल हैं; वे विचार पूरे हो गए हैं, वस्तुएं पूरी हो गई हैं, सपने साकार हो गए हैं।

आप अपने मन में जिस दृष्टि की महिमा करते हैं, जिस आदर्श को आप अपने हृदय में स्थापित करते हैं - वही आप अपना जीवन बनाएंगे, यही आप बनेंगे।

7

शांति

मन की शांति ज्ञान के सुंदर रत्नों में से एक है। यह आत्म-नियंत्रण में एक लंबे और धैर्यपूर्ण प्रयास का परिणाम है। इसकी उपस्थिति परिपक्व अनुभव और विचार के नियमों और संचालन के सामान्य से अधिक ज्ञान का संकेत है। एक व्यक्ति इस हद तक शांत हो जाता है कि वह खुद को एक विचार-विकसित प्राणी के रूप में समझता है, क्योंकि इस तरह के ज्ञान के लिए विचार के परिणाम के रूप में दूसरों की समझ की आवश्यकता होती है, और जैसे-जैसे वह सही समझ विकसित करता है, और अधिक से अधिक स्पष्ट रूप से आंतरिक संबंधों को देखता है कारण और प्रभाव की क्रिया द्वारा, वह चीजों को उपद्रव और क्रोध, चिंता और शोक करना बंद कर देता है, और संतुलित, स्थिर, शान्त रहता है।

शांत व्यक्ति, जिसने खुद पर शासन करना सीख लिया है, वह जानता है कि खुद को दूसरों के अनुकूल कैसे बनाया जाए; और बदले में, वे उसकी आध्यात्मिक शक्ति का सम्मान करते हैं, और महसूस करते हैं कि वे उससे सीख सकते हैं और उनपर भरोसा कर सकते हैं। मनुष्य जितना अधिक शांत होता है, उसकी

सफलता, उसका प्रभाव, भलाई के लिए उसकी शक्ति उतनी ही अधिक होती है। यहां तक कि सामान्य व्यापारी भी अपनी व्यावसायिक समृद्धि में वृद्धि पाएगा क्योंकि उसमें अधिक आत्म-नियंत्रण और समता विकसित हो जाएगी, क्योंकि लोग हमेशा ऐसे व्यक्ति के साथ व्यवहार करना पसंद करेंगे जिसका आचरण दृढ़ता से समान हो।

मज़बूत, शांत व्यक्ति को हमेशा प्यार और सम्मान दिया जाता है। वह प्यासे देश में छाया देने वाले वृक्ष, या तूफान में आश्रय देने वाली चट्टान के समान है। "शांत हृदय, मधुर स्वभाव, संतुलित जीवन किसे पसंद नहीं है? इससे कोई फर्क नहीं पड़ता कि बारिश हो या धूप, या जिनके पास ये आशीर्वाद हैं उनके लिए क्या बदलाव आते हैं, क्योंकि वे हमेशा मधुर, निर्मल और शांत रहते हैं। चरित्र की वह उत्तम शिष्टता, जिसे हम शांति कहते हैं, संस्कृति का अंतिम पाठ है, आत्मा का फल है। यह बुद्धि के समान बहुमूल्य है, और शुद्ध सोने से भी अधिक चाहने योग्य है। शांत जीवन की तुलना में मात्र धन की चाह कितनी तुच्छ लगती है - एक ऐसा जीवन जो सत्य के सागर में, लहरों के नीचे, तूफानों की पहुंच से परे, शाश्वत शांति में रहता है!

"हम ऐसे कितने लोगों को जानते हैं जो अपने जीवन में खटास लाते हैं, जो विस्फोटक स्वभाव के कारण मधुर और सुंदर सभी चीज़ों को बर्बाद कर देते हैं, जो अपने चरित्र के संतुलन को नष्ट कर देते हैं और ख़ून ख़राब कर देते हैं! यह प्रश्न है कि क्या अधिकांश लोग आत्म-नियंत्रण की कमी के कारण अपना जीवन बर्बाद नहीं करते हैं और अपनी खुशियाँ बर्बाद नहीं करते हैं। हम जीवन में ऐसे कितने कम लोगों से मिलते हैं जो संतुलित हों, जिनके पास वह उत्तम संतुलन हो जो एक तैयार चरित्र की विशेषता है! हाँ, मानवता अनियंत्रित जुनून से उमड़ती है, अनियंत्रित दुःख से उथल-पुथल करती है, चिंता और संदेह से घबरा जाती है।

केवल बुद्धिमान व्यक्ति, केवल वही जिसके विचार नियंत्रित और शुद्ध हैं,आत्मा की हवाओं और तूफानों को अपना आज्ञापालन कराता है।"

तूफान से परेशान आत्माएं, आप जहां भी हों, किसी भी परिस्थिति में रहें, यह जान लें: जीवन के महासागर में आशीर्वाद के द्वीप मुस्कुरा रहे हैं, और आपके आदर्श का धूप वाला किनारा आपके आने का इंतजार कर रहा है। विचार करें, आपकी आत्मा की छाल में आदेश देने वाला स्वामी बैठा हुआ है। वह सोया हुआ है; उसे जगाओ। आत्मसंयम ही शक्ति है; सही विचार में निपुणता है; शांति ही शक्ति है। अपने दिल से कहो, "शांति, शांत रहो!"

जुनून से शांति तक

मनुष्यों के शोर-शराबे और कलह के बीच,

दिव्य पुकार मैं फिर से सुनता हूँ;

इसका कथन अलग-अलग चीज़ों के बारे में है;

दिल की उथल-पुथल से ऊपर,

ऊँचे स्थान पर जहाँ पाप के अँधेरे रास्ते चलते हैं,

मन की इच्छानुसार बुद्धिमान की प्रतीक्षा करता है;

प्रबल जुनून के संरक्षित द्वारों से परे;

वहां शांति प्रतीक्षा कर रही है – वहां शांति प्रतीक्षा कर रही है।

प्रस्तावना

इस पुस्तक के पहले तीन भाग, जुनून, आकांक्षा और प्रलोभन, आम मानव जीवन को उसके जुनून, करुणा और त्रासदी के साथ दर्शाते हैं। अंतिम तीन भाग, श्रेष्ठता, मोक्ष और शांति, ऋषि और उद्धारकर्ता के दिव्य जीवन - शांत, बुद्धिमान और सुंदर - का प्रतिनिधित्व करते हैं। मध्य भाग, ट्रांसम्यूटेशन, दोनों के बीच संक्रमणकालीन चरण है; यह परमात्मा को मानव जीवन से जोड़ने वाली रसायन प्रक्रिया है। अनुशासन, इनकार और त्याग दैवीय अवस्था का गठन नहीं करते हैं; वे केवल साधन हैं जिनके द्वारा इसे प्राप्त किया जाता है। दिव्य जीवन उस पूर्ण ज्ञान में स्थापित होता है जो पूर्णता प्रदान करता है।

जेम्स एलन

1

जुनून

संतों और साधुओं का मार्ग है, बुद्धिमानों और शुद्धों का मार्ग है, वह राजमार्ग जिस पर उद्धारकर्ता चले हैं, और जिस पर आने वाले सभी उद्धारकर्ता भी चलेंगे - ऐसा इस पुस्तक का विषय है; यह उच्च और पवित्र विषय है जिसे लेखक ने इन पृष्ठों में संक्षेप में बताया है।

जुनून मानव जीवन का सबसे निचला स्तर है। कोई भी इससे नीचे नहीं उतर सकता। इसके ठंडे दलदलों और छुपे अंधेरे में सूरज रहित दुनिया के जीव रेंगते हैं। वासना, घृणा, क्रोध, लोभ, अभिमान, घमंड, लालच, बदला, ईर्ष्या, चुगलखोरी, झूठ, चोरी, छल, विश्वासघात, क्रूरता, संदेह, ईर्ष्या - ये पाशविक ताकतें अनुचित आवेग हैं जो अंडरवर्ल्ड में निवास करते हैं।

इस अंधेरी दुनिया में नासमझ लोग जीते और मरते हैं, न पवित्रता की शांति को जानते हैं, न ही उस दिव्य प्रकाश के आनंद को जानते हैं जो उनके ऊपर और उनके लिए हमेशा चमकता रहता है। फिर भी, यह तब तक व्यर्थ चमकता है जब

तक यह अनदेखी आंखों पर पड़ता है जो कभी ऊपर नहीं देखतीं, बल्कि हमेशा धरती की ओर, मांस की ओर झुकी रहती हैं।

परन्तु बुद्धिमान ऊपर देखते हैं। वे इस राग-संसार से संतुष्ट नहीं हैं। वे अपने कदम शांति की ऊपरी दुनिया की ओर झुकाते हैं, जिसकी रोशनी और महिमा वे पहले दूर से देखते हैं। जुनून से नीचे कोई नहीं गिर सकता, लेकिन सभी ऊंचे उठ सकते हैं। उस सबसे निचले स्थान पर जहां आगे उतरना असंभव है, आगे बढ़ने वाले सभी को चढ़ना ही होगा। आरोही मार्ग हमेशा हाथ में है, और आसानी से पहुँचा जा सकता है। यह आत्म-विजय का मार्ग है। वह पहले से ही इसमें प्रवेश कर चुका है जिसने अपने स्वार्थ को "नहीं" कहना शुरू कर दिया है, जिसने अपनी इच्छाओं को नियंत्रित करना शुरू कर दिया है, और अपने मन के अनियंत्रित तत्वों को नियंत्रित करना शुरू कर दिया है।

जुनून मानव जाति का कट्टर दुश्मन, खुशी का हत्यारा, विपरीत और शांति का दुश्मन है। उसी से वह सब निकलता है जो अशुद्ध करता और नष्ट करता है। यह दुःख का स्रोत है, और अनर्थ और विपत्ति का प्रवर्तक है।

स्वार्थ की आंतरिक दुनिया अज्ञानता में निहित है - दैवीय कानून की अज्ञानता, दैवीय अच्छाई की; शुद्ध मार्ग और शांतिपूर्ण मार्ग की अज्ञानता जुनून अंधेरा है, और यह आध्यात्मिकता में पनपता और फलता-फूलता है। अन्धकार यह आध्यात्मिक प्रकाश के क्षेत्रों में प्रवेश नहीं कर सकता। प्रबुद्ध मन में अज्ञान नष्ट हो जाता है; शुद्ध हृदय में जुनून के लिए कोई जगह नहीं है।

जुनून अपने सभी रूपों में एक मानसिक प्यास, एक बुखार, एक यातनापूर्ण अशांति है। जिस प्रकार आग एक भव्य इमारत को जलाकर भद्दी राख के ढेर में बदल देती है, उसी प्रकार मनुष्य वासनाओं की ज्वाला में भस्म हो जाते हैं, और उनके कर्म और कार्य गिर जाते हैं और नष्ट हो जाते हैं।

यदि किसी को शांति चाहिए, तो उसे जुनून से बाहर आना होगा। बुद्धिमान व्यक्ति अपनी वासनाओं को वश में कर लेता है, मूर्ख व्यक्ति उनके वश में हो जाता है। ज्ञान का खोजी मूर्खता से मुंह मोड़कर शुरुआत करता है। शांति का प्रेमी उस रास्ते में प्रवेश करता है जो वहां तक जाता है, और हर कदम के साथ वह आगे बढ़ता है और उसके पीछे जुनून और निराशा का अंधेरा निवास स्थान छोड़ देता है।

ज्ञान और शांति की ऊंचाइयों की ओर पहला कदम स्वार्थ के अंधेरे और दुख को समझना है, और जब यह समझ में आ जाता है, तो इस पर काबू पाना - इससे बाहर आना होगा।

स्वार्थ, या जुनून, न केवल लालच के स्थूल रूपों और स्पष्ट रूप से अनियंत्रित मन की स्थितियों में विद्यमान है; यह हर छुपे हुए विचार को भी सूचित करता है जो सूक्ष्मता से किसी के स्वयं की धारणा और महिमा से जुड़ा हुआ है। यह सबसे अधिक धोखा देने वाला और सूक्ष्म होता है जब यह किसी को दूसरों के स्वार्थ पर ध्यान देने, उन पर इसका आरोप लगाने और इसके बारे में बात करने के लिए प्रेरित करता है। जो व्यक्ति लगातार दूसरों के स्वार्थ पर ध्यान देता है, वह अपने स्वार्थ पर विजय नहीं पा सकेगा। हम दूसरों पर दोषारोपण करके स्वार्थ से नहीं, बल्कि स्वयं को शुद्ध करके आते हैं।

जुनून से शांति तक का रास्ता दूसरों पर दर्दनाक आरोप लगाने से नहीं, बल्कि खुद पर काबू पाने से है। दूसरों के स्वार्थ को वश में करने के लिए उत्सुकता से प्रयास करते हुए, हम जुनूनी बने रहते हैं।

धैर्यपूर्वक अपने स्वार्थ पर विजय पाकर हम स्वतंत्रता की ओर बढ़ते हैं। केवल वही जिसने स्वयं पर विजय प्राप्त कर ली है, दूसरों को वश में कर सकता है; और वह उन्हें वासना से नहीं, परन्तु प्रेम से वश में करता है।

मूर्ख मनुष्य दूसरों पर दोष लगाता है और स्वयं को स्वंय सही मानता है, परन्तु जो बुद्धिमान हो जाता है वह दूसरों को सही मानता है और स्वयं को दोष देता है। जुनून से शांति तक का रास्ता लोगों की बाहरी दुनिया में नहीं है; यह विचारों की आंतरिक दुनिया में है। इसमें दूसरों के कर्मों को बदलना शामिल नहीं है, इसमें स्वयं के कर्मों को पूर्ण करना शामिल है।

अक्सर, जुनूनी व्यक्ति दूसरों को सही करने के लिए सबसे अधिक उत्सुक होता है; परन्तु बुद्धिमान मनुष्य अपने आप को ठीक रखता है। यदि कोई दुनिया को सुधारने के लिए उत्सुक है, तो उसे स्वयं को सुधारने से शुरुआत करनी चाहिए। आत्म-सुधार केवल कामुक तत्वों के उन्मूलन के साथ समाप्त नहीं होता है; यही इसकी शुरुआत है। यह तभी समाप्त होता है जब हर व्यर्थ विचार और स्वार्थी उद्देश्य पर काबू पा लिया जाता है। पूर्ण शुद्धता और बुद्धिमत्ता की कमी के कारण, अभी भी कुछ प्रकार की आत्म-दासता या मूर्खता है जिस पर विजय प्राप्त करने की आवश्यकता है।

जुनून जीवन की संरचना के आधार पर है; शांति अपने चरम और शिखर पर है। आरंभ करने के जुनून के बिना, काम करने की कोई शक्ति नहीं होगी, और अंत करने के लिए कोई उपलब्धि नहीं होगी। जुनून शक्ति का प्रतिनिधित्व करता है, लेकिन अगर शक्ति को गलत दिशा में निर्देशित किया जाए, तो शक्ति खुशी के बजाय चोट पैदा करती है। इसकी सेनाएँ, जबकि मूर्खों के हाथों में विनाश के उपकरण हैं, बुद्धिमानों के हाथों में संरक्षण के उपकरण हैं। जब अंकुश लगाया जाता है और ध्यान केंद्रित किया जाता है और लाभकारी ढंग से निर्देशित किया जाता है, तो वे कार्यशील ऊर्जा का प्रतिनिधित्व करते हैं। जुनून वह ज्वलंत तलवार है जो स्वर्ग के द्वार की रक्षा करती है। यह मूर्खों को बंद कर देता है और नष्ट कर देता है; यह बुद्धिमानों को स्वीकार करता है और उनका संरक्षण करता है।

वह मूर्ख व्यक्ति है जो अपनी सीमा नहीं जानता जो स्वयं के विचारों का गुलाम है; जो पालन करता है जुनून के आवेग का। वह बुद्धिमान व्यक्ति है जो अपनी अज्ञानता को जानता है, जो स्वार्थी विचारों की शून्यता को समझता है; जो जुनून के आवेगों पर काबू पाता है।

मूर्ख और भी गहरे अज्ञान में उतरता जाता है; बुद्धिमान व्यक्ति उच्चतर और उच्चतर ज्ञान की ओर बढ़ता है। मूर्ख इच्छा करता है, कष्ट सहता है और मर जाता है। बुद्धिमान व्यक्ति आकांक्षा करता है, आनन्दित होता है और जीवित रहता है।

मन को ज्ञान पर केंद्रित करके और मानसिक दृष्टि को ऊपर की ओर उठाकर, आध्यात्मिक योद्धा ऊपर की ओर जाने वाले रास्ते को समझता है, और अपना ध्यान शांति की ऊंचाइयों पर केंद्रित करता है।

2

आकांक्षा

स्वयं की अज्ञानता की स्पष्ट अनुभूति के साथ ही आत्मज्ञान की इच्छा उत्पन्न होती है, और इस प्रकार हृदय में संतों के उत्साह की आकांक्षा पैदा होती है।

आकांक्षा के पंखों पर मनुष्य धरती से स्वर्ग की ओर, अज्ञान से ज्ञान की ओर, अंधकार से ऊपरी प्रकाश की ओर उठता है। इसके बिना वह एक सांसारिक, कामुक, अज्ञानी और प्रेरणाहीन प्राणी बना रहता है।

आकांक्षा स्वर्गीय चीज़ों की लालसा है - धार्मिकता, करुणा, पवित्रता, प्रेम के लिए - जैसा कि इच्छा से अलग है, जो सांसारिक चीज़ों की लालसा है - स्वार्थी संपत्ति, व्यक्तिगत प्रभुत्व, कम सुख और कामुक संतुष्टि के लिए।

जिस प्रकार बिना पंखों वाला पक्षी उड़ नहीं सकता, उसी प्रकार बिना आकांक्षा वाला मनुष्य अपने परिवेश से ऊपर नहीं उठ सकता और अपनी पशु प्रवृत्तियों का स्वामी नहीं बन सकता। वह वासनाओं का दास है, अधीन है।

किसी के लिए आकांक्षा शुरू करने का मतलब है कि वह अपनी निम्न स्थिति से असंतुष्ट है, और उच्च स्थिति का लक्ष्य बना रहा है। यह एक निश्चित संकेत है

कि वह पशुता की अपनी सुस्त नींद से जाग गया है, और महान उपलब्धियों और पूर्ण जीवन के प्रति सचेत हो गया है।

आकांक्षा सभी चीज़ों को संभव बनाती है। इससे उन्नति का मार्ग खुलता है। यह पूर्णता की उच्चतम अवस्था को भी निकट लाता है और वास्तविक तथा संभव बनाता है; जिसकी कल्पना की जा सकती है, उसे हासिल किया जा सकता है।

आकांक्षा प्रेरणा की जुड़वां देवदूत है। यह आनंद के द्वार खोलती है। उड़ने के साथ-साथ गायन भी होता है। संगीत, कविता, भविष्यवाणी और सभी उच्च और पवित्र वाद्य अंततः उन लोगों के हाथों में हैं जिनकी आकांक्षाएं विफल नहीं होतीं, जिनकी भावना विफल नहीं होती।

जब तक पशु की परिस्थितियाँ मनुष्य को मधुर लगती हैं, तब तक वह आकांक्षा नहीं कर सकता; वह पहले से ही संतुष्ट है। लेकिन जब उनकी मिठास कड़वाहट में बदल जाती है तो दुख में वह अच्छी बातें सोचता है। जब वह सांसारिक आनंद से वंचित हो जाता है, तो वह उस आनंद की आकांक्षा करता है जो स्वर्गीय है। जब अशुद्धता दुख में बदल जाती है तब पवित्रता की खोज की जाती है। सचमुच, पश्चाताप की मृत राख से फीनिक्स की तरह आकांक्षा उठती है, लेकिन इसके शक्तिशाली पंखों पर मनुष्य स्वर्ग तक पहुंच सकता है।

आकांक्षी मनुष्य उस मार्ग में प्रवेश कर चुका है जो शांति में समाप्त होता है, और निश्चित रूप से वह उस अंत तक पहुंच जाएगा जहाँ वह न तो रुकता है और न ही पीछे मुड़ता है। यदि वह लगातार स्वर्गीय दृष्टि की झलक के साथ अपने मन को नवीनीकृत करता है, तो वह स्वर्गीय राज्य तक पहुंच जाएगा।

मनुष्य जिस परिमाण में कामना करता है उसे उतना ही प्राप्त होता है। उसकी बनने की लालसा ही इस बात का पैमाना है कि वह क्या हो सकता है। जैसे मनुष्य सभी निम्न चीज़ों को अनुभव कर जान सकता है, वैसे ही वह सभी उच्च

चीज़ों को भी अनुभव कर जान सकता है। जैसे वह मनुष्य बन गया है, वैसे ही वह दिव्य भी बन सकता है। मन को उच्च एवं दिव्य दिशाओं में मोड़ना ही एकमात्र एवं आवश्यक कार्य है।

विचारक के अशुद्ध विचारों के अतिरिक्त अशुद्धता क्या है? विचारक के शुद्ध विचारों के अलावा पवित्रता क्या है? एक आदमी दूसरे के बारे में सोचकर काम नहीं करता। प्रत्येक मनुष्य अपने आप से ही शुद्ध या अशुद्ध है।

यदि कोई व्यक्ति सोचता है, "यह दूसरों, या परिस्थितियों, या आनुवंशिकता के कारण है कि मैं अशुद्ध हूं," वह अपनी त्रुटियों पर काबू पाने की आशा कैसे कर सकता है? ऐसा विचार सभी पवित्र आकांक्षाओं को रोक देगा और उसे जुनून की गुलामी में बांध देगा।

जब कोई व्यक्ति पूरी तरह से यह समझ लेता है कि उसकी त्रुटियाँ और अशुद्धियाँ उसकी अपनी हैं, कि वे स्वयं ही उत्पन्न और पोषित हैं, कि वह अकेला ही उनके लिए जिम्मेदार है, तब वह उन पर काबू पाने की आकांक्षा करेगा। उसके लिए प्राप्ति का मार्ग खुल जाएगा और वह देख सकेगा कि वह कहां से और किस मंज़िल तक यात्रा कर रहा है।

जुनूनी आदमी को अपने सामने कोई सीधा रास्ता नहीं दिखता, और उसके पीछे सारा कोहरा और उदासी है। वह क्षण भर का आनंद उठा लेता है और ज्ञान को समझने या उसके बारे में सोचने का प्रयास नहीं करता है। जुनूनी लोग छोटी-छोटी चीज़ें हासिल करने के लिए ज़ोरदार प्रयास करते हैं - ऐसी चीज़ें जो तेज़ी से नष्ट हो जाती हैं और जिस स्थान पर वे थीं, वहां याद रखने के लिए कुछ भी नहीं छोड़ती हैं।

आकांक्षी व्यक्ति महान चीज़ों को प्राप्त करने के लिए समान शक्ति के साथ प्रयास करते हैं - सद्गुण की, ज्ञान की, ज्ञान की चीजें, जो नष्ट नहीं होती हैं, बल्कि मानव जाति के उत्थान के लिए प्रेरणा के स्मारक के रूप में खड़ी होती हैं।

जैसे व्यापारी निरंतर परिश्रम से सांसारिक सफलता प्राप्त करता है, वैसे ही संत आकांक्षा और प्रयास से आध्यात्मिक सफलता प्राप्त करता है। एक व्यापारी बनता है, दूसरा संत, उस विशेष दिशा से जिस ओर उसकी मानसिक ऊर्जा निर्देशित होती है।

जब आकांक्षा का उत्साह मन को छूता है, तो वह तुरंत उसे परिष्कृत कर देता है, और उसकी अशुद्धियों का मैल दूर होने लगता है। जबकि आकांक्षा मन को धारण करती है, कोई भी अशुद्धता उसमें प्रवेश नहीं कर सकती, क्योंकि अशुद्ध और शुद्ध एक ही क्षण में विचार पर कब्ज़ा नहीं कर सकते। लेकिन आकांक्षा का प्रयास पहले ऐंठनयुक्त और अल्पकालिक होता है। मन अपनी आदतन गलती पर वापस आ जाता है, और उसे लगातार नवीनीकृत किया जाना चाहिए।

शुद्ध जीवन का प्रेमी प्रतिदिन अपने मन को आकांक्षा की स्फूर्तिदायक चमक से नवीनीकृत करता है। वह जल्दी उठता है और मज़बूत विचारों और कठिन प्रयास से अपने दिमाग को मजबूत करता है। वह जानता है कि मन की प्रकृति ऐसी है कि वह एक क्षण भी खाली नहीं रह सकता है और यदि इसे उच्च विचारों और शुद्ध आकांक्षाओं द्वारा नियंत्रित और निर्देशित नहीं किया जाता है, तो यह निश्चित रूप से निम्न विचारों और तुच्छ इच्छाओं का गुलाम और गुमराह हो जाएगा।

इच्छा की तरह ही आकांक्षा को भी दैनिक आदत से पोषित और मज़बूत किया जा सकता है। इसे खोजा जा सकता है और एक दैवीय मार्गदर्शक के रूप में मन में प्रवेश कराया जा सकता है, या इसे उपेक्षित और बंद किया जा सकता है। हर दिन थोड़े समय के लिए किसी शांत स्थान पर जाएं, अधिमानतः खुली हवा में, और वहां मन की ऊर्जाओं को पवित्र उत्साह की लहरों के रूप में बुलाना, मन को महान आध्यात्मिक जीत और दैवीय महत्व की नियति के लिए तैयार करना है क्योंकि ऐसा उत्साह ज्ञान की तैयारी और शांति की प्रस्तावना है।

इससे पहले कि मन शुद्ध चीज़ों पर विचार कर सके, उसे उन तक ऊपर उठाना होगा, उसे अशुद्ध चीज़ों से ऊपर उठना होगा; और आकांक्षा वह साधन है जिसके द्वारा यह पूरा किया जाता है। इसकी सहायता से मन तेज़ी से और निश्चित रूप से स्वर्गीय स्थानों की ओर उड़ता है, और दिव्य चीज़ों का अनुभव करना शुरू कर देता है। यह ज्ञान संचय करना शुरू कर देता है, और शुद्ध ज्ञान के दिव्य प्रकाश की निरंतर बढ़ती मात्रा द्वारा स्वयं का मार्गदर्शन करना सीखता है।

धार्मिकता की प्यास, शुद्ध जीवन की भूख, दिव्य आकांक्षा के पंखों पर पवित्र उत्साह में उठना - यही ज्ञान का सही मार्ग है। शांति के लिए यही सही प्रयास है। यह दिव्य मार्ग की सही शुरुआत है।

उसका मार्ग अस्तव्यस्त, अशांत है, और उसका हृदय शांति से कोसों दूर है।

आकांक्षी व्यक्ति अपने सामने स्वर्गीय ऊंचाइयों तक जाने का मार्ग देखता है, और उसके पीछे जुनून के घुमावदार रास्ते हैं, जिन पर वह अब तक आँख बंद करके टटोलता आया है। समझ के लिए प्रयास करते हुए, और उसका दिमाग ज्ञान पर केंद्रित है, उसका रास्ता स्पष्ट है, और उसका दिल पहले से ही अंतिम मटर का स्वाद अनुभव कर रहा है|

जुनूनी लोग छोटी-छोटी चीज़ें हासिल करने के लिए जोरदार प्रयास करते हैं - ऐसी चीजें जो तेज़ी से नष्ट हो जाती हैं और जिस स्थान पर वे थीं, वहां याद रखने के लिए कुछ भी नहीं छोड़ती हैं।

आकांक्षी व्यक्ति महान चीज़ों को प्राप्त करने के लिए समान शक्ति के साथ प्रयास करते हैं - सद्गुण की, ज्ञान की, ज्ञान की चीज़ें, जो नष्ट नहीं होती हैं, बल्कि मानव जाति के उत्थान के लिए प्रेरणा के स्मारक के रूप में खड़ी होती हैं।

जैसे व्यापारी निरंतर परिश्रम से सांसारिक सफलता प्राप्त करता है, वैसे ही संत आकांक्षा और प्रयास से आध्यात्मिक सफलता प्राप्त करता है। एक व्यापारी

बनता है, दूसरा संत, उस विशेष दिशा से जिस ओर उसकी मानसिक ऊर्जा निर्देशित होती है।

जब आकांक्षा का उत्साह मन को छूता है, तो वह तुरंत उसे परिष्कृत कर देता है और उसकी अशुद्धियों का मैल दूर होने लगता है। जबकि आकांक्षा मन को धारण करती है, कोई भी अशुद्धता उसमें प्रवेश नहीं कर सकती, क्योंकि अशुद्ध और शुद्ध एक ही क्षण में विचार पर कब्ज़ा नहीं कर सकते। लेकिन आकांक्षा का प्रयास पहले ऐंठनयुक्त और अल्पकालिक होता है। मन अपनी आदतन गलती पर वापस आ जाता है, और उसे लगातार नवीनीकृत किया जाना चाहिए।

शुद्ध जीवन का प्रेमी प्रतिदिन अपने मन को आकांक्षा की स्फूर्तिदायक चमक से नवीनीकृत करता है। वह जल्दी उठता है और मज़बूत विचारों और कठिन प्रयास से अपने दिमाग को मज़बूत करता है। वह जानता है कि मन की प्रकृति ऐसी है कि वह एक क्षण भी खाली नहीं रह सकता है और यदि इसे उच्च विचारों और शुद्ध आकांक्षाओं द्वारा नियंत्रित और निर्देशित नहीं किया जाता है, तो यह निश्चित रूप से निम्न विचारों और तुच्छ इच्छाओं का गुलाम बनकर गुमराह हो जाएगा।

इच्छा की तरह ही आकांक्षा को भी दैनिक आदत से पोषित, और मज़बूत किया जा सकता है। इसे खोजा जा सकता है, और एक दैवीय मार्गदर्शक के रूप में मन में प्रवेश कराया जा सकता है, या इसे उपेक्षित और बंद किया जा सकता है। हर दिन थोड़े समय के लिए किसी शांत स्थान पर जाएं, अधिमानतः खुली हवा में, और वहां मन की ऊर्जाओं को पवित्र उत्साह की लहरों के रूप में बुलाना, मन को महान आध्यात्मिक जीत और दैवीय महत्व की नियति के लिए तैयार करना है क्योंकि ऐसा उत्साह ज्ञान की तैयारी और शांति की प्रस्तावना है।

इससे पहले कि मन शुद्ध चीज़ों पर विचार कर सके, उसे उन तक ऊपर उठाना होगा, उसे अशुद्ध चीज़ों से ऊपर उठना होगा; और आकांक्षा वह साधन है जिसके द्वारा यह पूरा किया जाता है। इसकी सहायता से मन तेज़ी से और निश्चित रूप से स्वर्गीय स्थानों की ओर उड़ता है, और दिव्य चीज़ों का अनुभव करना शुरू कर देता है। यह ज्ञान संचय करना शुरू कर देता है, और शुद्ध ज्ञान के दिव्य प्रकाश की निरंतर बढ़ती मात्रा द्वारा स्वयं का मार्गदर्शन करना सीखता है।

धार्मिकता की प्यास, शुद्ध जीवन की भूख, दिव्य आकांक्षा के पंखों पर पवित्र उत्साह में उठना - यही ज्ञान का सही मार्ग है। शांति के लिए यही सही प्रयास है। यह दिव्य मार्ग की सही शुरुआत है।

3

प्रलोभन

आकांक्षा मनुष्य को स्वर्ग तक ले जा सकती है, लेकिन वहां बने रहने के लिए उसे अपने संपूर्ण मन को स्वर्ग के अनुरूप बनाना सीखना होगा। प्रलोभन इसी उद्देश्य से कार्य करता है।

प्रलोभन विचार में पवित्रता से जुनून की ओर वापसी है। यह आकांक्षा से इच्छा की ओर वापस जा रहा है। यह आकांक्षा को तब तक खतरे में डालता है जब तक कि वह उस बिंदु तक नहीं पहुंच जाता जहां इच्छा शुद्ध ज्ञान और शांत विचार के पानी में बुझ जाती है।

आकांक्षा के प्रारंभिक चरण में, प्रलोभन सूक्ष्म और शक्तिशाली होता है, और इसे शत्रु माना जाता है; परन्तु यह केवल इस अर्थ में शत्रु है कि जिसकी परीक्षा होती है, वह अपना ही शत्रु है। यह दुर्बलता और अपवित्रता को प्रकट करने वाला, मित्र है, आध्यात्मिक प्रशिक्षण में आवश्यक कारक है। वास्तव में, यह बुराई पर काबू पाने और अच्छाई को पकड़ने के प्रयास का एक संयोजन है।

सफलतापूर्वक विजय पाने के लिए, मनुष्य के भीतर की बुराई को सतह पर आना होगा। यह प्रलोभन है कि हृदय में छिपी बुराई प्रकट और उजागर हो जाती है।

जो प्रलोभन आकर्षित करता है और जगाता है वह अजेय इच्छा है, और प्रलोभन एक व्यक्ति पर बार-बार हमला करेगा जब तक कि वह खुद को वासना के आवेगों से ऊपर नहीं उठा लेता। प्रलोभन अशुद्ध के लिए एक अपील है। जो शुद्ध है वह प्रलोभन के अधीन नहीं हो सकता।

प्रलोभन मनुष्य को तब तक भटकाता है जब तक कि वह दिव्य चेतना के क्षेत्र को नहीं छू लेता, और उस सीमा से परे, प्रलोभन उसका पीछा नहीं कर सकता। जब कोई व्यक्ति आकांक्षा करना शुरू करता है तो वह प्रलोभित होने लगता है। आकांक्षा सभी अव्यक्त अच्छे और बुरे को जगाती है, ताकि मनुष्य स्वयं को पूरी तरह से प्रकट कर सके, क्योंकि मनुष्य स्वयं पर तब तक विजय नहीं पा सकता जब तक वह स्वयं को पूरी तरह से नहीं जानता।

केवल पशु मनुष्य के बारे में यह शायद ही कहा जा सकता है कि उसे प्रलोभन दिया जाता है, क्योंकि प्रलोभन की उपस्थिति का अर्थ है कि एक शुद्ध अवस्था के लिए प्रयास करना है। पशु की इच्छा और संतुष्टि उस मनुष्य की सामान्य स्थिति है जो अभी तक आकांक्षा में नहीं उठा है। वह अपने कामुक आनंद से अधिक और कुछ नहीं, कुछ भी बेहतर नहीं चाहता है, और फिलहाल संतुष्ट है। ऐसे व्यक्ति को गिरने का प्रलोभन नहीं दिया जा सकता, क्योंकि वह अभी तक उठा नहीं है।

आकांक्षा की उपस्थिति यह दर्शाती है कि एक व्यक्ति ने, कम से कम, ऊपर की ओर एक कदम उठाया है, और इसलिए वह पीछे खींचे जाने में सक्षम है। इस पिछड़े आकर्षण को प्रलोभन कहा जाता है। प्रलोभन हृदय के अशुद्ध विचारों और अधोमुखी इच्छाओं में विद्यमान रहते हैं। प्रलोभन की वस्तु तब आकर्षित करने में शक्तिहीन होती है जब दिल में उसके लिए लालसा नहीं रह जाती है। प्रलोभन का

गढ़ मनुष्य के भीतर है, बाहर नहीं; और जब तक मनुष्य को इसका एहसास नहीं होता, तब तक प्रलोभन की अवधि लंबी रहेगी।

जबकि मनुष्य बाहरी वस्तुओं से दूर भागता रहता है, इस भ्रम के तहत कि प्रलोभन पूरी तरह से उनमें मौजूद है, और उसकी अशुद्ध कल्पनाओं पर हमला नहीं करता है और उन्हें दूर नहीं करता है, उसके प्रलोभन बढ़ जाएंगे, और उसका पतन और गंभीर होगा। जब कोई व्यक्ति स्पष्ट रूप से यह समझ लेता है कि बुराई भीतर है, बाहर नहीं, तो उसकी प्रगति तेज़ी से होगी, उसके प्रलोभन कम हो जायेंगे, और सभी प्रलोभनों पर अंतिम विजय उसकी आध्यात्मिक दृष्टि की सीमा के भीतर होगी।

प्रलोभन पीड़ा है। यह कोई स्थायी स्थिति नहीं है, बल्कि निम्न स्थिति से उच्चतर स्थिति की ओर जाने का मार्ग है। जीवन की पूर्णता और पूर्णता आनंद है, पीड़ा नहीं। प्रलोभन कमज़ोरी और हार के साथ आता है, लेकिन मनुष्य की किस्मत में ताकत और जीत ही होती है। पीड़ा की उपस्थिति उठने और जीतने का संकेत है। लगातार और हमेशा नवीनीकृत आकांक्षा वाला व्यक्ति खुद को यह सोचने की अनुमति नहीं देता है कि प्रलोभन पर काबू नहीं पाया जा सकता है। वह स्वयं का स्वामी बनने के लिए कृतसंकल्प है। बुराई को त्यागना हार की स्वीकृति है। यह दर्शाता है कि स्वयं के विरुद्ध युद्ध को छोड़ दिया गया है, अच्छाई को नकार दिया गया है, कि बुराई को सर्वोच्च बना दिया गया है।

जैसे व्यवसाय का ऊर्जावान आदमी कठिनाइयों से घबराता नहीं है, बल्कि अध्ययन करता है कि उन पर कैसे काबू पाया जाए, उसी प्रकार निरंतर आकांक्षा रखने वाला व्यक्ति प्रलोभनों के आगे झुकता नहीं है, बल्कि इस पर ध्यान देता है कि वह अपने मन को कैसे मज़बूत कर सकता है। क्योंकि प्रलोभन देने वाला कायर के समान होता है, वह केवल कमज़ोर और असुरक्षित स्थानों पर ही रेंगता है।

प्रलोभित व्यक्ति को प्रलोभन की प्रकृति और अर्थ का सोच-समझकर अध्ययन करना चाहिए, क्योंकि जब तक यह ज्ञात नहीं हो जाता, तब तक इस पर काबू नहीं पाया जा सकता। एक बुद्धिमान सेनापति, विरोधी ताकत पर हमला करने से पहले, अपने शत्रु की रणनीति का अध्ययन करता है। इसी तरह, जिसे प्रलोभन पर काबू पाना है उसे यह समझना चाहिए कि यह उसके अपने अंधकार और त्रुटि कैसे उत्पन्न होता है, और आत्मनिरीक्षण और ध्यान के माध्यम से अध्ययन करना चाहिए कि अंधकार को कैसे दूर किया जाए और त्रुटि को सत्य से कैसे प्रतिस्थापित किया जाए।

मनुष्य की वासनाएँ जितनी प्रबल होंगी, उसके प्रलोभन उतने ही तीव्र होंगे; उसका स्वार्थ जितना गहरा होगा, उसके प्रलोभन उतने ही सूक्ष्म होंगे; उसका घमंड जितना अधिक स्पष्ट होता है, उसके प्रलोभन उतने ही अधिक चापलूसी वाले और भ्रामक होते हैं।

यदि मनुष्य को सत्य जानना है तो उसे स्वयं को जानना होगा। उसे ऐसे किसी भी रहस्योद्घाटन से पीछे नहीं हटना चाहिए जो उसकी त्रुटि को उजागर करेगा। इसके विपरीत, उसे ऐसे रहस्योद्घाटन का उस आत्म-ज्ञान में सहायता के रूप में स्वागत करना चाहिए जो आत्म-विजय की दासी है।

जो व्यक्ति अपनी गलतियों और कमियों को सामने लाना और उजागर करना बर्दाश्त नहीं कर सकता, बल्कि उन्हें छिपाने की कोशिश करता है, वह सत्य के मार्ग पर चलने के लिए अयोग्य है। वह प्रलोभन से लड़ने और उस पर विजय पाने के लिए उचित रूप से सुसज्जित नहीं है। जो व्यक्ति निडर होकर अपनी निचली प्रकृति का सामना नहीं कर सकता, वह त्याग की कठिन ऊंचाइयों पर नहीं चढ़ सकता।

परखनेवाला यह जान ले, कि उसके सभी शत्रु भीतर हैं; कि चापलूस जो बहकाते हैं, जो ताने मारते हैं, और जो आग जलाते हैं, वे सब अज्ञान और त्रुटि के

उस आंतरिक क्षेत्र से उत्पन्न होते हैं जिसमें वह अब तक रहता था। यह जानकर, उसे बुराई पर पूर्ण विजय का आश्वासन दिया जाए। जब वह बुरी तरह प्रलोभित हो, तो वह शोक न करे, परन्तु इस बात से आनन्दित हो कि उसकी शक्ति परखी गई है, और उसकी निर्बलताएँ उजागर हो गई हैं। क्योंकि जो वास्तव में जानता है और विनम्रतापूर्वक अपनी कमज़ोरी को स्वीकार करता है, वह ताकत हासिल करने में धीमा नहीं होगा।

मूर्ख लोग अपनी भूलों और पापों के लिए दूसरों को दोष देते हैं, परन्तु सत्य-प्रेमी केवल स्वयं को दोषी मानते हैं। उसे अपने आचरण के लिए अपनी पूरी ज़िम्मेदारी स्वीकार करनी चाहिए और यह नहीं कहना चाहिए कि जब वह गिरता है, तो यह चीज़, या ऐसी और ऐसी परिस्थिति, या वह आदमी दोषी था। अधिक से अधिक जो अन्य लोग कर सकते हैं वह यह है कि हम अपनी अच्छाई या बुराई को प्रकट होने का अवसर प्रदान करें। वे हमें अच्छा या बुरा नहीं बना सकते।

प्रलोभन प्रारंभ में पीड़ादायक, कष्टदायक, सहन करना कठिन और सूक्ष्म तथा निरंतर हमलावर होता है। परन्तु यदि प्रलोभित व्यक्ति दृढ़ और साहसी है, और रास्ता नहीं देता है, तो वह धीरे-धीरे अपने आध्यात्मिक शत्रु को वश में कर लेगा, और अंततः अच्छे ज्ञान में विजय प्राप्त करेगा।

प्रतिकूलता मनुष्य की अपनी वासना, स्वार्थ और अहंकार से बनी होती है। जब इन्हें हटा दिया जाता है, तो बुराई शून्य दिखाई देती है, और अच्छाई सर्व-विजयी वैभव में प्रकट होती है।

4

रूपांतर

जुनून के नरक और शांति के स्वर्ग के बीच का मार्ग रूपांतरण का शोधक है - कब्र से परे एक काल्पनिक शोधन नहीं, बल्कि मानव हृदय में एक वास्तविक शोधक है। इसके अलग करने और शुद्ध करने वाली अग्नि में त्रुटि की आधार धातु को छान लिया जाता है, और केवल सत्य का साफ़ किया हुआ सोना ही बचता है।

जब प्रलोभन दुःख और गहरी उलझन में परिणत हो जाता है, तब प्रलोभित व्यक्ति, मुक्ति के लिए, पूरे ज़ोर से प्रयास करता है और पाता है कि उसकी नैतिक दासता पूरी तरह से स्वयं से है। उसे बाहरी परिस्थितियों से लड़ने के बजाय आंतरिक परिस्थितियों को बदलना होगा। शुरुआत में बाहरी चीज़ों के खिलाफ लड़ाई जरूरी है। मानसिक कारण की प्रचलित अज्ञानता के कारण, यह एकमात्र रास्ता है जिसे सबसे पहले अपनाया जा सकता है। लेकिन यह कभी भी अपने आप में मुक्ति नहीं लाता। यह प्रलोभन के मानसिक कारण का ज्ञान लाता है।

प्रलोभन के मानसिक कारण का यह ज्ञान विचार के रूपांतरण की ओर ले जाता है, और विचार के रूपांतरण से त्रुटि के बंधन से मुक्ति मिलती है।

प्रारंभिक लड़ाई आध्यात्मिक विकास में एक आवश्यक चरण है, जैसे एक असहाय बच्चे का रोना और लात मारना उसके विकास के लिए आवश्यक है। लेकिन चूँकि शिशु अवस्था के बाद रोने और लात मारने की आवश्यकता नहीं होती, इसलिए मानसिक रूपांतरण का ज्ञान प्राप्त होने पर भयंकर संघर्ष और प्रलोभन में पड़ना समाप्त हो जाता है।

वास्तव में बुद्धिमान व्यक्ति, जो प्रलोभन के स्रोत और कारण के बारे में प्रबुद्ध है, बाहरी आकर्षणों के खिलाफ नहीं लड़ता - वह उनके लिए सभी इच्छाएं त्याग देता है। इस प्रकार, वे प्रलोभन नहीं रह जाते हैं और प्रलोभन की शक्ति अपने स्रोत पर ही नष्ट हो जाती है। परंतु अपवित्र इच्छा का यह त्याग कोई अंतिम प्रक्रिया नहीं है। यह एक पुनर्योजी और परिवर्तनकारी शक्ति की शुरुआत है, जो धैर्यपूर्वक नियोजित होने पर, आध्यात्मिक ज्ञान की स्पष्ट ऊंचाइयों की ओर ले जाती है।

आध्यात्मिक रूपांतरण में लोगों और चीज़ों के प्रति मन के सामान्य स्वार्थी रवैये का पूर्ण उलटाव शामिल है, और यह उलटाव अनुभवों का एक बिल्कुल नया सेट लाता है। इस प्रकार एक निश्चित आनंद की इच्छा को त्याग दिया जाता है, उसके स्रोत से ही काट दिया जाता है, और चेतना में कोई स्थान नहीं रखने दिया जाता है। लेकिन वह इच्छा जिस मानसिक शक्ति का प्रतिनिधित्व करती है वह नष्ट नहीं होती है; इसे विचार के एक उच्च क्षेत्र में स्थानांतरित किया जाता है, ऊर्जा के एक शुद्ध रूप में परिवर्तित किया जाता है। ऊर्जा के संरक्षण का नियम पदार्थ की तरह मन में भी सार्वभौमिक रूप से लागू होता है, और निचली दिशाओं में बंद बल आध्यात्मिक गतिविधि के उच्च क्षेत्रों में मुक्त हो जाता है।

दिव्य जीवन की ओर संत मार्ग के साथ, रूपांतरण का मध्य क्षेत्र बलिदान का देश है, त्याग का मैदान है। पुराने जुनून, पुरानी महत्वाकांक्षाएं और विचार,

त्याग दिए जाते हैं और छोड़ दिए जाते हैं, लेकिन केवल कुछ और अधिक सुंदर, अधिक स्थायी, अधिक शाश्वत संतुष्टिदायक रूप में फिर से प्रकट होने के लिए।

लंबे समय से संरक्षित और संजोए गए मूल्यवान रत्नों को जब आंसुओं के साथ पिघलने वाले बर्तन में डाला जाता है, तो वे नए और अधिक उत्तम आभूषणों में बदल जाते हैं। इसी तरह, पहले तो अज्ञानी व्यक्ति अपने प्रति दूसरों के गलत रवैये से स्वयं को परेशान, घायल और पराजित होने देता है। इसका कारण यह है कि वही गलत मनोवृत्ति स्वयं में भी है। वह, वास्तव में, बदले में उन्हें वही कार्य प्रदान करता है; जो दूसरों में गलत है, उसे स्वयं में सही मानता है। बदनामी के बदले बदनामी, नफरत के बदले नफरत, गुस्से के बदले गुस्सा दिया जाता है। यह बुराई की क्रिया और प्रतिक्रिया है। यह स्वार्थ का स्वार्थ से टकराव है। किसी मनुष्य के भीतर केवल स्वयं या स्वार्थी तत्व ही हैं, जो दूसरे की बुराई से उत्तेजित हो सकते हैं। उस बुराई द्वारा किसी मनुष्य के सत्य, या दैवीय गुणों तक नहीं पहुँचा जा सकता है, और उसके द्वारा उसे परेशान और उखाड़ा तो बिल्कुल भी नहीं जा सकता है। यह इस स्वयं या स्वार्थ का सत्य में रूपांतरण, या पूर्ण उलटाव है जो रूपांतरण का गठन करता है। प्रबुद्ध व्यक्ति ने इस भ्रम को त्याग दिया है कि दूसरों की बुराई में उसे चोट पहुँचाने और वश में करने की शक्ति है, और उसने इस गहन सत्य को समझ लिया है कि वह केवल अपने अंदर की बुराई से ही परास्त हो सकता है। इसलिए वह अपने पापों और कष्टों के लिए दूसरों को दोष देना बंद कर देता है और अपने हृदय को शुद्ध करने में लग जाता है। अपने मानसिक दृष्टिकोण के इस उलटफेर में, वह निचली स्वार्थी शक्तियों को उच्च नैतिक गुणों में बदल देता है। त्रुटि के आधार अयस्क को इसमें डाला जाता है।

यज्ञ की अग्नि से सत्य का शुद्ध सोना निकलता है।

ऐसा व्यक्ति बाहरी चीज़ों द्वारा आक्रमण किए जाने पर दृढ़ और अविचल खड़ा रहता है। वह स्वयं का स्वामी है, दास नहीं। उसने खुद को जुनून के आवेगों के साथ पहचानना बंद कर दिया है, और खुद को सत्य के साथ पहचान लिया है। उसने बुराई पर विजय पा ली है और अच्छाई में विलीन हो गया है। वह त्रुटि और सत्य दोनों को जानता है, और उसने त्रुटि को त्याग दिया है और स्वयं को सत्य के अनुरूप बना लिया है। वह बुराई के बदले भलाई करता है। उतना ही अधिक उस पर बुराई आक्रमण करती है।

जो चीज़ मूर्ख को बुद्धिमान व्यक्ति से सबसे अलग करती है, वह यह है - कि मूर्ख जुनून के साथ जुनून, नफरत के साथ नफरत करता है, और बुराई के बदले बुराई करता है; जबकि बुद्धिमान व्यक्ति जुनून को शांति से, नफरत को प्यार से, और बुराई के बदले अच्छाई का जवाब देता है।

मनुष्य अपनी अशुद्ध प्रकृति के सक्रिय साधन के माध्यम से स्वयं को कष्ट पहुँचाते हैं। वे उस हद तक पूर्ण शांति की ओर बढ़ते हैं जिस हद तक वे अपने हृदयों को शुद्ध करते हैं। मनुष्य जिस मानसिक ऊर्जा को अंधकारपूर्ण वासनाओं को पूरा करने में बर्बाद करते हैं, वह उन्हें सही दिशा में मोड़ने पर उच्चतम ज्ञान तक पहुंचने में सक्षम बनाने के लिए पर्याप्त है।

पानी, जब भाप में परिवर्तित होता है, तो एक नई, अधिक निश्चित और व्यापक-पहुंच वाली शक्ति बन जाता है, उसी प्रकार जुनून, जब बौद्धिक और नैतिक बल में परिवर्तित हो जाता है, तो एक नया जीवन, उच्च और अमोघ उद्देश्यों की पूर्ति के लिए एक नई शक्ति बन जाता है।

आणविक शक्तियों की तरह मानसिक शक्तियों के भी अपने विपरीत ध्रुव या क्रिया के तरीके होते हैं। जहां नकारात्मक ध्रुव है, वहीं सकारात्मक ध्रुव भी है। जहां अज्ञान है, वहां ज्ञान संभव है। जहां जुनून प्रचुर मात्रा में होता है, वहां शांति

इंतज़ार करती है। जहां बहुत दुःख है, वहां बहुत आनंद निकट है। दुःख सुख का निषेध है; पाप पवित्रता के विपरीत है; बुराई अच्छाई का इन्कार है। जहां विपरीत है, वहां विरोध भी है। प्रतिकूल बुराई, अच्छाई को नकारते हुए, अपनी उपस्थिति की गवाही देती है। इसलिए, एक चीज़ जो आवश्यक है, वह है नकारात्मक से सकारात्मक की ओर मुड़ना; हृदय का अशुद्ध इच्छाओं से शुद्ध आकांक्षाओं में रूपांतरण; जुनून की शक्तियों का नैतिक शक्तियों में रूपांतरण।

बुद्धिमान लोग अपने विचारों को शुद्ध करते हैं। वे बुरे कर्मों से फिरकर अच्छे कर्म करने लगते हैं। वे ग़लती को पीछे छोड़ देते हैं और सच्चाई की ओर बढ़ते हैं। इस प्रकार वे पाप के प्रलोभनों से ऊपर उठते हैं, प्रलोभन की पीड़ा से ऊपर उठते हैं, दुःख की अंधेरी दुनिया से ऊपर उठते हैं और दिव्य चेतना, पारलौकिक जीवन में प्रवेश करते हैं। लंबे समय से पोषित विचारों और आदतों को छोड़ने के लिए अनिच्छुक होता है, लेकिन अंत में उन्हें छोड़ देता है, थोड़ी देर बाद, अपनी खुशी के लिए, कि वे नई सुविधाओं के रूप में उसके पास वापस आते हैं।

5

श्रेष्ठता

जब कोई व्यक्ति प्रलोभन की अंधेरी अवस्था से रूपांतरण की अधिक प्रबुद्ध अवस्था में पहुँच जाता है, तो वह एक संत बन जाता है। संत वह है जो आत्म-शुद्धि की आवश्यकता को समझता है, जो आत्म-शुद्धि का मार्ग समझता है, और जो उस मार्ग में प्रवेश कर चुका है और स्वयं को पूर्ण करने में लगा हुआ है।

लेकिन परिवर्तन की प्रक्रिया में एक समय ऐसा आता है, जब बुराई के घटने और अच्छाई के संचय के साथ, मन में एक नई दृष्टि, एक नई चेतना, एक नए मनुष्य का उदय होता है। जब यह पहुँच जाता है, तो संत ऋषि बन जाता है; वह मानव जीवन से दिव्य जीवन में प्रवेश कर चुका है। उसका "फिर से जन्म हुआ है" और उसके लिए अनुभवों का एक नया दौर शुरू होता है। उसके पास एक नई शक्ति है; उसकी आध्यात्मिक दृष्टि के सामने एक नया ब्रह्मांड खुल जाता है। यह अतिक्रमण की अवस्था है। इसे मैं पारलौकिक जीवन कहता हूं।

जब वहाँ पाप का कोई बोध नहीं रहता; जब चिन्ता और सन्देह, और शोक समाप्त हो जाते हैं; जब वासना और शत्रुता, क्रोध और ईर्ष्या, फिर विचारों पर

अधिकार नहीं रखते; जब मन में अपनी स्थिति के लिए दूसरों के प्रति दोष का कोई अवशेष नहीं रहता है, और जब सभी स्थितियाँ अच्छी दिखाई देती हैं क्योंकि वे कारणों का परिणाम हैं, ताकि कोई भी घटना मन को प्रभावित न कर सके, तब श्रेष्ठता प्राप्त होती है। तब सीमित व्यक्तित्व विकसित हो जाता है, और दिव्य जीवन ज्ञात हो जाता है; बुराई पार हो गई है, और अच्छाई सर्वव्यापी है।

दिव्य चेतना मनुष्य की गहनता नहीं है; यह चेतना का एक नया रूप है। यह पुराने से उत्पन्न होता है, लेकिन यह उसकी निरंतरता नहीं है। पाप और दुःख के निचले जीवन से जन्मे, दर्दनाक पीड़ा की अवधि के बाद, यह अभी भी उस जीवन को पार करता है और इसमें उसकी कोई भूमिका नहीं होती है, जैसे कि उत्तम फूल उस बीज को पार कर जाता है जिससे वह पैदा हुआ था।

जैसे जुनून आत्म-जीवन का मूलमंत्र है, वैसे ही शांति पारलौकिक जीवन का मूलमंत्र है। इसमें ऊपर उठकर मनुष्य असामंजस्य और अशांति से ऊपर उठ जाता है। जब संपूर्ण अच्छाई को एक राय या विचार के रूप में नहीं, बल्कि एक अनुभव या स्वामित्व के रूप में महसूस किया जाता है और जाना जाता है, तो शांत दृष्टि प्राप्त होती है, और सभी कठिनाइयों के बावजूद शांत आनंद बना रहता है।

उत्कृष्ट जीवन जुनून से नहीं, बल्कि सिद्धांतों से शासित होता है। इसकी स्थापना क्षणभंगुर आवेगों पर नहीं, बल्कि स्थायी कानूनों पर की गई है। इसके स्पष्ट वातावरण में सभी चीजों का क्रमबद्ध क्रम प्रकट हो जाता है, जिससे दुःख, चिंता या अफसोस के लिए कोई जगह नहीं दिखती है।

जबकि मनुष्य स्वयं के जुनून में डूबे हुए हैं, वे खुद पर चिंताओं का बोझ डालते हैं और कई चीज़ों को लेकर खुद को परेशान करते हैं इन सब से ऊपर, वे अपने थोड़े से बोझ के लिए परेशान होते हैं, दर्द से ग्रस्त व्यक्तित्व को परेशान करते हैं, इसके क्षणभंगुर सुखों, इसकी सुरक्षा और संरक्षण, और इसकी शाश्वत

सुरक्षा और निरंतरता के लिए चिंतित रहते हैं। अब बुद्धिमान और अच्छे जीवन में यह सब पार हो जाता है। व्यक्तिगत हितों का स्थान सार्वभौमिक उद्देश्यों ने ले लिया है, और व्यक्तित्व के सुख और भाग्य से संबंधित सभी चिंताएँ, परेशानियाँ और चिंताएँ रात के बुखार भरे सपनों की तरह दूर हो जाती हैं।

जुनून अंधा और अज्ञानी है। वह केवल अपनी संतुष्टि ही देखता और जानता है। स्वयं किसी नियम को नहीं पहचानता; इसका उद्देश्य पाना और आनंद लेना है। प्राप्त करना एक क्रमिक पैमाना है जो कामुक लालच से लेकर, कई सूक्ष्म घमंडों के माध्यम से, व्यक्तिगत स्वर्ग या व्यक्तिगत अमरता की इच्छा तक भिन्न होता है, लेकिन फिर भी यह स्वयं ही है। यह पुरानी कामुक लालसा है जो अधिक सूक्ष्म एवं भ्रामक रूप में सामने आती है। यह कुछ व्यक्तिगत आनंद की लालसा है, साथ ही यह भय भी है कि आनंद हमेशा के लिए खो जाएगा।

उत्कृष्ट स्थिति में, इच्छा और भय समाप्त हो जाते हैं, और लाभ की प्यास और हानि का भय ऐसी चीज़ें हैं जो अब नहीं हैं। क्योंकि जहां सार्वभौमिक व्यवस्था देखी जाती है, और जहां उस भलाई में शाश्वत आनंद एक सामान्य स्थिति है, वहां इच्छा करने के लिए क्या बचा है? डरने की क्या बात बची है?

जिसने अपने संपूर्ण स्वभाव को धार्मिकता के नियम के अनुरूप और सामंजस्य में ला लिया है, जिसने अपने विचारों को शुद्ध और अपने कार्यों को निर्दोष बना लिया है, उसने स्वतंत्रता में प्रवेश कर लिया है। वह अंधकार और नश्वरता को पार कर गया है, और प्रकाश और अमरता में चला गया है। क्योंकि उत्कृष्ट अवस्था सबसे पहले नैतिकता का एक उच्च क्रम है, फिर धारणा का एक नया रूप है, और अंत में सार्वभौमिक नैतिक कारण की एक व्यापक समझ है और यह नैतिकता, यह दृष्टि और यह समझ नई चेतना, दिव्य जीवन का निर्माण करती है।

उत्कृष्ट मनुष्य वह है जो स्वयं के प्रभुत्व से ऊपर और परे है। उसने बुराई को पार कर लिया है और अच्छाई के अभ्यास और ज्ञान में रहता है। वह उस आदमी की तरह है, जिसने लंबे समय तक दुनिया को अँधेरी आँखों से देखा था, अब उसकी दृष्टि बहाल हो गई है, और वह चीजों को वैसे ही देखता है जैसे वे हैं।

बुराई एक अनुभव है, शक्ति नहीं। यदि यह ब्रह्मांड में एक स्वतंत्र शक्ति होती, तो इसे किसी भी प्राणी द्वारा पार नहीं किया जा सकता था। लेकिन यद्यपि एक शक्ति के रूप में यह वास्तविक नहीं है, यह एक स्थिति और एक अनुभव के रूप में वास्तविक है, क्योंकि सभी अनुभव वास्तविकता की प्रकृति के हैं। यह अज्ञानता, अविकास की स्थिति है और इस तरह यह ज्ञान के प्रकाश से पहले लुप्त हो जाती है, जैसे एक बच्चे की बौद्धिक अज्ञानता धीरे-धीरे एकत्रित होने वाली शिक्षा से गायब हो जाती है, या जैसे अंधकार उगते प्रकाश से गायब हो जाता है।

जैसे ही अच्छाई के नए अनुभव चेतना के क्षेत्र में प्रवेश करते हैं और उस पर कब्ज़ा कर लेते हैं, बुराई के दर्दनाक अनुभव ख़त्म हो जाते हैं। अच्छे के नये अनुभव क्या हैं? वे अनेक और सुंदर हैं - जैसे पाप से मुक्ति का आनंददायक ज्ञान। वे पश्चाताप की अनुपस्थिति और प्रलोभन की सभी पीड़ाओं से मुक्त है । वे उन स्थितियों और परिस्थितियों में अवर्णनीय आनंद हैं जो पहले गहरी पीड़ा का कारण बनती थीं, और दूसरों के कार्यों से आहत होने के लिए असहिष्णुता थीं। वे महान धैर्य और चरित्र की मधुरता वाले हैं इन सभी परिस्थितियों में मन की शांति; और संदेह, भय और चिंता से मुक्ति की आवश्कयता है। वे सभी नापसंदगी, ईर्ष्या और शत्रुता से मुक्ति हैं, उन लोगों के प्रति दयालुता महसूस करने और कार्य करने की शक्ति है जो खुद को किसी के दुश्मन या विरोधियों के रूप में देखना उचित समझते हैं।

वे शाप के बदले आशीर्वाद देने और बुराई के बदले अच्छाई देने की दिव्य शक्ति हैं; मानव हृदय का गहरा ज्ञान, उसकी मौलिक अच्छाई की धारणा के

साथ; और नैतिक कारण के नियम और प्राणियों के मानसिक विकास में अंतर्दृष्टि, मानवता की प्रतीक्षा कर रहे उत्कृष्ट अच्छे की भविष्यवाणी के साथ सबसे बढ़कर, वे बुराई की सीमा और नपुंसकता, और अच्छाई की शाश्वत सर्वोच्चता और शक्ति में आनंदित हैं।

ये सब और शांत, मजबूत, दूरगामी जीवन जो इनमें निहित और समाहित है, सभी नए और विविध संसाधनों, विशाल शक्तियों, त्वरित क्षमताओं और बढ़ी हुई क्षमताओं के साथ-साथ उत्कृष्ट मनुष्य के समृद्ध अनुभव हैं। नई चेतना में जीवन के लिए उत्कृष्टता सदाचार से बढ़कर है। बुराई और अच्छाई एक साथ नहीं रह सकते। अच्छाई को समझने और जानने से पहले बुराई को पीछे छोड़ देना चाहिए और उससे आगे निकल जाना चाहिए। जब अच्छाई का अभ्यास किया जाता है और उसे पूरी तरह से समझा जाता है, तो मन के सभी कष्ट समाप्त हो जाते हैं। क्योंकि जो बुराई की चेतना में पीड़ा और दुःख के साथ होता है, वह अच्छाई की चेतना में उतना नहीं होता।

अच्छे आदमी के साथ जो कुछ भी घटित होता है, उससे उसे परेशानी या दुःख नहीं हो सकता, क्योंकि वह इसका कारण और समस्या जानता है, वह उस भलाई को जानता है जिसे स्वयं में पूरा करने के लिए उसे नियुक्त किया गया है, और इसलिए उसका मन खुश और शांत रहता है। भले आदमी का शरीर भले ही बंधा हुआ हो, उसका मन स्वतंत्र होता है। यद्यपि वह घायल और पीड़ा में है, फिर भी उसके हृदय में खुशी और शांति बनी हुई है।

एक आध्यात्मिक शिक्षक के पास एक शिष्य था जो योग्य और ईमानदार था। चर्चा के लिए एक प्रश्न था जिसका उत्तर उसके गुरु नहीं दे सके। कई दिनों के गहन चिंतन के बाद, गुरु ने अपने शिष्य से कहा, "तुमने जो प्रश्न पूछा है, मैं उसका उत्तर नहीं दे सकता। क्या आपके पास पेश करने के लिए कोई समाधान

है?" इसके बाद छात्र ने उस प्रश्न का उत्तर तैयार किया जो उसने प्रस्तावित किया था। तब गुरु ने उससे कहा: "तूने वह उत्तर दिया है जो मैं नहीं दे सका, और अब से न तो मैं और न ही कोई मनुष्य तुझे निर्देश दे सकता है, क्योंकि अब तू वास्तव में सत्य द्वारा निर्देशित है। तुम राजसी उकाब की तरह उड़ गए हो, जहां कोई भी आदमी पीछा नहीं कर सकता। अब आपका काम दूसरों को निर्देश देना है। अब आप शिष्य नहीं रहे; आप गुरु बन गये हैं।"

जिस आत्म-जीवन को वह पार कर चुका है, उस पर पीछे मुड़कर देखने पर, दिव्य रूप से प्रबुद्ध व्यक्ति उस जीवन के सभी कष्टों को देखता है जैसे कि उसके स्कूल के शिक्षक उसे पढ़ा रहे थे और आगे की ओर ले जा रहे थे। और जिस हद तक उस ने उनका मतलब समझ लिया, और अपने आप को उन से ऊपर उठा लिया, वे उस से दूर हो गए। उसे सिखाने का उनका मिशन समाप्त हो गया, उन्होंने उसे क्षेत्र का विजयी स्वामी बना दिया। क्योंकि निम्नतर उच्चतर को शिक्षा नहीं दे सकता; अज्ञान ज्ञान को निर्देश नहीं दे सकता; बुराई अच्छाई को प्रकाशित नहीं कर सकती; न ही शिष्य गुरु के लिए पाठ निर्धारित कर सकता है। जो पार हो गया है वह उस तक नहीं पहुंच सकता बुराई केवल अपने क्षेत्र में ही शिक्षा दे सकती है, जहाँ उसे स्वामी माना जाता है। भलाई के क्षेत्र में इसका कोई स्थान या अधिकार नहीं है।

सत्य के राजमार्ग पर चलने वाला मजबूत यात्री बुराई के प्रति समर्पण जैसी कोई बात नहीं जानता; वह केवल भलाई के प्रति आज्ञाकारिता जानता है। वह जो यह कहते हुए बुराई के सामने समर्पण कर देता है, "पाप पर विजय नहीं पाई जा सकती, और बुराई को सहन करना ही होगा," इस प्रकार यह स्वीकार करता है कि बुराई उसका स्वामी है। उसका स्वामी उसे निर्देश देना नहीं, बल्कि उसे बाँधना और उस पर अत्याचार करना है। अच्छाई का प्रेमी बुराई का प्रेमी नहीं हो सकता;

न ही वह, एक क्षण के लिए, इसकी प्रबलता को स्वीकार करें। वह बुराई को नहीं, बल्कि अच्छाई को ऊपर उठाता और महिमामंडित करता है। वह प्रकाश से प्रेम करता है, अँधेरे से नहीं।

जब मनुष्य सत्य को अपना स्वामी बना लेता है, तो वह त्रुटि को त्याग देता है। जैसे-जैसे वह त्रुटि को पार करता है, वह अपने गुरु की तरह बन जाता है, जब तक कि अंत में वह सत्य के साथ एक नहीं हो जाता है, एक गुरु के रूप में, अपने कार्यों से इसे सिखाता है, और इसे अपने जीवन में प्रतिबिंबित करता है।

अतिक्रमण कोई असामान्य स्थिति नहीं है; यह विकास की क्रमबद्ध प्रक्रिया से संबंधित है। हालाँकि, अभी तक, कुछ ही लोग इस तक पहुँच पाए हैं, युगों के दौरान सभी इसमें आएँगे और जो उस पर चढ़ता है वह फिर पाप नहीं करता, शोक नहीं करता और परेशान नहीं होता। उसके विचार अच्छे हैं, उसके कार्य अच्छे हैं, और उसके रास्ते का शांत भाव अच्छा है। उसने स्वयं पर विजय पा ली है और सत्य के सामने समर्पण कर दिया है। उसने बुराई पर काबू पा लिया है और भलाई पर काबू पा लिया है। अब से न तो मनुष्य और न ही किताबें उसे निर्देश दे सकती हैं, क्योंकि उसे सर्वोच्च अच्छाई, सत्य की भावना द्वारा निर्देश दिया जाता है।

6

परम सुख

जब ईश्वरीय भलाई का अभ्यास किया जाता है, तो जीवन आनंदमय हो जाता है। आनंद अच्छे आदमी की सामान्य स्थिति है। जो दूसरों के लिए पीड़ा लाते हैं केवल उसकी खुशी को बढ़ाने के लिए काम करते हैं क्योंकि वे उसके भीतर अच्छे के गहरे स्रोत को उसके बड़े पैमाने पर विकसित करने का कारण बनते हैं।

उत्कृष्ट गुण रखने का अर्थ है उत्कृष्ट सुख का आनंद लेना। भगवान जो धन्य आशीर्वाद प्रदान करते हैं उसका वादा स्वर्गीय गुणों वाले लोगों से किया जाता है – दयालु, शुद्ध दिल वाले, शांतिदूत इत्यादि। उच्चतर सद्गुण केवल और केवल सुख की ओर ही ले नहीं जाते यह खुशी है। उत्कृष्ट गुण वाले व्यक्ति के लिए दुखी होना असंभव है। दुःख का कारण आत्म-प्रेमी तत्वों में खोजा और पाया जाना चाहिए, न कि आत्म-त्याग करने वाले गुणों में हो सकता है। किसी व्यक्ति में सद्गुण हों तो वह दुखी हो सकता है, लेकिन यदि उसमें दैवीय गुण हों तो ऐसा नहीं हो सकता है।

मानवीय सद्गुण स्वयं के साथ, और इसलिए दुःख के साथ मिश्रित होते हैं। लेकिन दैवीय सद्गुण से स्वयं का हर कलंक दूर हो गया है, और इसके साथ दुःख

का हर अवशेष भी दूर हो गया है – इसे स्पष्ट करने के लिए एक तुलना पर्याप्त होगी: एक आदमी में हमले और आत्मरक्षा में शेर का साहस हो सकता है। ऐसा साहस एक मानवीय गुण है लेकिन इससे वह अत्यधिक खुश नहीं होगा।

हालाँकि, साहस दैवीय प्रकार का है जो उसे हमले और बचाव दोनों से परे जाने में सक्षम बनाता है; और हमले के दौरान सौम्य, शांत और प्यारा बना रहता है । ऐसा व्यक्ति इस प्रकार परम सुखी होगा। इसके अलावा; उस पर हमला करने वाला और अधिक खुश होगा, क्योंकि एक अधिक शक्तिशाली अच्छाई दूसरे की भयंकर और दुखी बुराई पर विजय प्राप्त करेगी और उसे बाहर निकाल देगी। मानवीय गुणों का सत्य की ओर एक महान कदम है। लेकिन दैवीय मार्ग इससे परे है - सत्य ऊपर की ओर है और आगे भी है।

व्यक्तिगत स्वर्ग या व्यक्तिगत अमरता प्राप्त करने के लिए अच्छा करना मानवीय गुण है, लेकिन यह स्वयं से अमिश्रित नहीं है और दुःख से मुक्ति नहीं दिलाता है। उत्कृष्ट गुणों में सब कुछ अच्छा है और कोई व्यक्तिगत या गुप्त उद्देश्य नहीं है। मानवीय गुण अपूर्ण है, यह आधारहीन, स्वार्थी तत्वों के साथ मिश्रित है और इसे परिवर्तित करने की आवश्यकता है। दैवी सद्गुण निष्कलंक और शुद्ध है; यह अपने आप में पूर्ण एवं उत्तम है।

वे कौन से उत्कृष्ट गुण हैं जो सभी खुशियों और आनंद का प्रतीक हैं? वे हैं:

निष्पक्षता: मानव हृदय और अंतःक्रियाओं में इतनी गहराई से देखना कि एक व्यक्ति का पक्ष लेना या एक पक्ष दूसरे का विरोध करना असंभव हो जाता है और इसलिए पूरी तरह से न्यायसंगत होने की शक्ति होती है।

गहन विनम्रता: सभी पुरुषों, महिलाओं और सभी प्राणियों के प्रति असीमित दया, चाहे वे शत्रु हों या मित्र स्वयं का पूर्ण समर्पण करना जैसे कि वे दूसरे के कार्य थे।

मन और कर्म की पवित्रता: हर समय, सभी परिस्थितियों में और सबसे गंभीर परीक्षणों के तहत सभी बुरे विचारों और अशुद्ध कल्पनाओं से मुक्ति पाना।

गहन विनम्रता स्वयं का पूर्ण समर्पण; अपने स्वयं के कार्यों का मूल्यांकन करना जैसे कि वे दूसरे के कार्य थे।

करुणा: सभी प्राणियों और प्राणियों के कष्टों के प्रति गहरी कमज़ोरों और असहायों की रक्षा करना और अपने शत्रुओं को भी चोट और बदनामी से बचाना।

सभी जीवित चीजों के प्रति प्रचुर प्रेम: खुश और सफल लोगों के साथ खुशी मनाना और दुखी और पराजित लोगों के साथ सहानुभूति रखना।

सभी चीजों के प्रति पूर्ण शांति बनाये रखना: सारी दुनिया के साथ शांति से रहना, ब्रह्मांड की दैवीय व्यवस्था के साथ गहरा सामंजस्य बनाये रखना।

यह सब ऐसे सद्गुण हैं जो पाप और सद्गुण दोनों से परे हैं। उनमें वे सभी सद्गुण शामिल हैं, जो दिव्य सत्य से परे जाते हैं। वे प्राप्त करने के असंख्य प्रयासों का फल हैं; उसके महिमामय उपहार जो जय पाते हैं। वे उस दस रत्नों वाले मुकुट का निर्माण करते हैं जो उस व्यक्ति के शांत माथे के लिए तैयार किया गया है जिसने स्वयं पर विजय प्राप्त कर ली है। ऋषि का मन इन राजसी गुणों से सुशोभित होता है। उनके द्वारा वह सदैव पाप से बचा रहता है और दुःख, हानि और चोट से परेशानी और अशांति से दूर रहता है। उनमें वह खुशी, आशीर्वाद, आनंद में रहता है, इतना शुद्ध और शांत, इतना गहरा और ऊंचा, स्वयं के सभी क्षणभंगुर उत्तेजनाओं को इतना पार कर जाता है, कि स्वयं की तलाश करने वाली चेतना के लिए अज्ञात और समझ से बाहर हो जाता है।

ऋषि ने जुनून पर विजय पा ली है और स्थायी शांति प्राप्त कर ली है। जिस प्रकार शक्तिशाली पर्वत अपने आधार पर हलचल मचाने वाले अशांत सागर से अविचलित रहता है उसी प्रकार उच्च सद्गुणों से परिपूर्ण ऋषि का मन जीवन के

तटों पर लगातार चलने वाले जुनून के तूफ़ान से अविचल रहता है। अच्छा और बुद्धिमान; हमेशा खुश और शांत रहता है। उत्कृष्ट रूप से गुणवान रहता है वह परम आनंद में रहता है।

7

शांति

यहाँ जुनून है, शांति नहीं है; जहाँ शांति है, वहाँ जुनून नहीं है। इसे जानना उत्तम कर्मों की दिव्य भाषा के पहले अक्षर में महारत हासिल करना है। यह जानने के लिए कि जुनून और शांति एक साथ नहीं रह सकते। वहाँ बुरे को त्यागने और महान को अपनाने के लिए अच्छी तरह से तैयार रहना है।

पुरुष शांति के लिए प्रार्थना करते हैं, फिर भी जुनून से चिपके रहते हैं। वे झगड़े को बढ़ावा देते हैं। फिर भी स्वर्गीय विश्राम के लिए प्रार्थना करते हैं। यह अज्ञान है; गहन आध्यात्मिक अज्ञान है। यह दिव्य चीज़ों की वर्णमाला के पहले अक्षर को जानना नहीं है।

घृणा और प्रेम, कलह और शांति, एक ही हृदय में एक साथ नहीं रह सकते। जहाँ एक को स्वागत योग्य अतिथि के रूप में प्रवेश दिया जाता है, वहीं दूसरे को जहाँ एक अवांछित अजनबी के रूप में वापस कर दिया जाएगा। जो दूसरे का तिरस्कार करता है, उसका दूसरे लोग तिरस्कार करेंगे। जो अपने साथी का विरोध करता है, उसका स्वयं विरोध किया जाएगा। उसे आश्चर्य नहीं होना चाहिए और

शोक मनाओ कि मनुष्य विभाजित हैं। उसे पता होना चाहिए कि वह कलह को बढ़ावा दे रहा है। उसे अपनी शांति की कमी को समझना चाहिए।

वह बहादुर है जो दूसरे पर विजय प्राप्त करता है; परन्तु जो स्वयं पर विजय प्राप्त कर लेता है वह परम महान है। जो दूसरे पर विजयी होता है, वह अंततः पराजित हो सकता है; परन्तु जो अपने आप पर जय पाता है, वह कभी वश में नहीं होता।

आत्म-विजय के मार्ग से पूर्ण शांति प्राप्त होती है। मनुष्य इसे तब तक समझ नहीं सकता, इसके पास नहीं पहुंच सकता, जब तक कि वह बाहर की चीज़ों की भीषण लड़ाई से दूर जाने और भीतर की बुराइयों के खिलाफ महान युद्ध में प्रवेश करने की सर्वोच्च आवश्यकता को नहीं देख लेता। जिसने जान लिया कि संसार का शत्रु भीतर ही है, बाहर नहीं; कि उसके अपने अनियंत्रित विचार ही भ्रम और कलह का स्रोत हैं; कि उसकी अपनी पवित्र इच्छाएँ ही उसकी शांति और विश्व की शांति का उल्लंघन करने वाली हैं – ऐसा व्यक्ति पहले से ही संत मार्ग पर है।

यदि मनुष्य ने काम और क्रोध, घृणा और अहंकार, स्वार्थ और लोभ पर विजय पा ली है, तो उसने संसार पर विजय प्राप्त कर ली है। उसने शांति के शत्रुओं को मार डाला है और शांति उसके साथ बनी हुई है।

शांति लड़ती नहीं; पक्षपातपूर्ण नहीं है; कोई स्पष्ट आवाज़ नहीं है। शांति की विजय एक अजेय मौन है।

जो बल से पराजित होता है वह अपने हृदय से पराजित नहीं होता; वह पहले से भी बड़ा शत्रु हो सकता है। लेकिन जो शांति की भावना से उबर जाता है, उसका हृदय बदल जाता है। जो शत्रु था वह मित्र बन गया। बल और संघर्ष, जुनून और भय पर काम करते हैं, लेकिन प्यार और शांति दिल तक पहुंचती है और सुधार करती है।

शुद्ध हृदय वाले और बुद्धिमान लोगों के हृदय में शांति होती है। यह उनके कार्यों में प्रवेश करता है; वे इसे अपने जीवन में लागू करते हैं। यह संघर्ष से भी अधिक शक्तिशाली है; यह वहाँ विजय प्राप्त करता है जहाँ बल विफल हो जाता है। इसके पंख धर्मी की रक्षा वहाँ करते हैं जहाँ इसके संरक्षण में अहानिकर को कोई हानि नहीं पहुँचती। यह स्वार्थी संघर्ष की गर्मी से सुरक्षित आश्रय प्रदान करता है। यह पराजितों के लिए शरणस्थल; हारे हुए लोगों के लिए एक तम्बू और पवित्र लोगों के लिए एक मंदिर है।

जहाँ शांति का अभ्यास किया जाता है और प्राप्त किया जाता है और जाना जाता है तो पाप और पश्चाताप, पकड़ और निराशा, लालसा और प्रलोभन, इच्छा और शोक - मन की सभी अशांति और पीड़ा - स्वयं के अंधेरे क्षेत्र में पीछे रह जाते हैं, जिससे वे संबंधित हैं और जिसके आगे वे नहीं जा सकते।

जहाँ ये अंधेरी छाया चलती हैं, उससे परे दिव्य आनंद के उज्ज्वल मैदान शाश्वत प्रकाश में चमकते हैं और ऊंचे और पवित्र रास्ते पर चलने वाला यात्री उचित समय पर आता है। जुनून के अँधेरे दलदल से, कई घमंड के कंटीले जंगलों से, संदेह और निराशा के शुष्क रेगिस्तानों से होकर, वह आगे बढ़ता है; न पीछे मुड़ता है और न ही अपना रास्ता भटकता है। वह सदैव अपने उत्कृष्ट गंतव्य की ओर बढ़ता रहता है, अंत में वह शांति के सुंदर शहर में एक विनम्र और दीन, फिर भी मज़बूत और उज्ज्वल विजेता के रूप में आता है।

मनुष्य: मन, शरीर और परिस्थिति का राजा

भीतर, चारों ओर, ऊपर, नीचे,
आदिम शक्तियाँ जलती हैं और चिंता करती हैं,
ज्ञान के मार्गदर्शन की प्रतीक्षा करो
उनकी सारी सामग्री अच्छी है;
उनके दुर्व्यवहार में बुराई विद्यमान रहती है;
अच्छाई है उनके बुद्धिमानीपूर्ण और वैध उपयोग में।

प्रस्तावना

जीवन की समस्या यह सीखने में है कि कैसे जीना है। यह स्कूली लड़के के लिए जोड़ने या घटाने की समस्या की तरह है। जब महारत हासिल हो जाती है, तो सभी कठिनाई गायब हो जाती है। जीवन की सभी समस्याएँ, चाहे वे सामाजिक हों, राजनीतिक हों या धार्मिक हों, अज्ञानता और ग़लत जीवन-यापन में ही निहित हैं। जैसे ही वे प्रत्येक व्यक्ति के हृदय में हल हो जाते हैं, वे मनुष्यों के समूह में भी हल हो जायेंगे। मानवता इस समय सीखने की कष्टदायक अवस्था में है। उसे अपनी ही अज्ञानता की कठिनाइयों का सामना करना पड़ता है। जैसे-जैसे मनुष्य सही ढंग से जीना सीखता है, अपनी शक्तियों को निर्देशित करना सीखता है और ज्ञान के प्रकाश से अपने कार्यों और क्षमताओं का उपयोग करना सीखता है, जीवन का योग सही ढंग से होगा और इसकी महारत सभी "बुराई की समस्याओं" को समाप्त कर देगी। बुद्धिमानों के लिए, ऐसी सभी समस्याएं समाप्त हो गई हैं।

जेम्स एलन

1

विचारों की आंतरिक दुनिया

आदमी सुख और दुःख का निर्माता है। इसके अलावा वह अपने सुख और दुःख का निर्माता और संरक्षक है। स्वयं ये चीज़ें बाहर से थोपी हुई नहीं हैं; वे आंतरिक स्थितियाँ हैं। उनका कारण न देवता है, न शैतान, न परिस्थिति, बल्कि विचार हैं। वे कर्मों के प्रभाव हैं और कर्म विचारों का दृश्य पक्ष हैं। मन की स्थिर वृत्तियाँ आचरण की दिशा निर्धारित करती हैं और आचरण की प्रकृति से वे प्रतिक्रियाएँ उत्पन्न होती हैं जिन्हें सुख और दुःख कहा जाता है। इसका तात्पर्य यह है कि प्रतिक्रियाशील स्थिति को बदलने के लिए, व्यक्ति को सक्रिय विचार को बदलना होगा। दुःख को सुख से बदलने के लिए मन की निश्चित वृत्ति और आचरण के अभ्यस्त क्रम को उलटना आवश्यक है जो दुःख का कारण है और इसका उलटा प्रभाव मन और जीवन पर दिखाई देगा। मनुष्य में स्वार्थपूर्ण विचार और कार्य करते हुए प्रसन्न रहने की शक्ति नहीं है; वह दुखी नहीं हो सकता; निःस्वार्थ भाव से सोचते और कार्य करते हुए जहां भी होगा, प्रभाव वहीं प्रकट होगा। मनुष्य प्रभावों को निरस्त नहीं कर सकता, लेकिन वह कारणों को बदल सकता है। वह अपने

स्वभाव को शुद्ध कर सकता है वह अपने चरित्र को नया रूप दे सकता है। आत्म-विजय में महान शक्ति है, स्वयं को बदलने में बड़ा आनंद है।

प्रत्येक व्यक्ति अपने विचारों से घिरा हुआ है। लेकिन वह धीरे-धीरे उनके दायरे को बढ़ा सकता है, वह अपने मानसिक क्षेत्र को बड़ा और ऊँचा उठा सकता है। वह निम्न को छोड़कर ऊँचे तक पहुँच सकता है, वह अंधेरे और घृणित विचारों को मन में रखने से बच सकता है और उज्ज्वल और सुंदर विचारों को मन में रख सकता है। जैसे ही वह ऐसा करता है, वह शक्ति और सौंदर्य के एक उच्च क्षेत्र में प्रवेश कर जाएगा, एक अधिक पूर्ण और परिपूर्ण दुनिया के प्रति सचेत हो जाएगा।

मनुष्य अपने विचारों की प्रकृति के अनुसार निम्न या उच्च क्षेत्रों में रहते हैं। उनकी दुनिया उतनी ही अंधेरी और संकीर्ण है जितनी वे कल्पना करते हैं, उतनी ही विस्तृत और गौरवशाली है जितनी उनकी व्यापक क्षमता है। उनके आस-पास की हर चीज़ उनके विचारों के रंग में रंगी हुई है।

उस आदमी पर विचार करें जिसका मन शक्की ,लोभी और ईर्ष्यालु है। उसे हर चीज़ कितनी छोटी, तुच्छ और नीरस लगती है। स्वयं में कोई भव्यता न होने के कारण उसे कहीं भी कोई भव्यता नज़र नहीं आती। स्वयं तुच्छ होने के कारण वह किसी भी प्राणी में बड़प्पन देखने में असमर्थ है। यहां तक कि उसका भगवान भी एक लोभी प्राणी है जिसे रिश्वत दी जा सकती है और वह सभी पुरुषों और महिलाओं को उतना ही क्षुद्र और स्वार्थी मानता है जितना वह खुद है, ताकि वह निःस्वार्थता के सबसे ऊंचे कृत्यों में केवल ऐसे उद्देश्यों को देख सके जो नीच और नीच हैं।

उस आदमी पर फिर से विचार करें जिसका मन निःशंकित उदार है। उसकी दुनिया कितनी अद्भुत और सुंदर है।

वह सभी प्राणियों और प्राणियों में किसी न किसी प्रकार की कुलीनता के प्रति सचेत है। वह मनुष्यों को सच्चा देखता है और उसके लिए वे सच्चे हैं। उसकी उपस्थिति में, तुच्छ लोग भी अपने स्वभाव को भूल जाते हैं और क्षण भर के लिए उसी के समान हो जाते हैं और चीजों के ऊंचे क्रम के उस अस्थायी उत्थान, एक अथाह महान और खुशहाल जीवन की झलक पा लेते हैं, भले ही भ्रमित हो जाते हैं।

वह छोटी सोच वाला और यह बड़ा दिल वाला, दो अलग-अलग दुनियाओं में रहते हैं, भले ही वे पड़ोसी हों। उनकी चेतना बिल्कुल अलग सिद्धांतों को अपनाती है। उनके कार्य एक दूसरे के विपरीत हैं। उनकी नैतिक अंतर्दृष्टि इसके विपरीत है। वे प्रत्येक चीज़ के अलग-अलग क्रम पर ध्यान देते हैं। उनके मानसिक क्षेत्र अलग-अलग हैं और दो अलग-अलग वृत्तों की तरह, वे कभी नहीं मिलते। एक नरक में है, दूसरा स्वर्ग में है, जैसा कि वे कभी भी होंगे और मृत्यु उनके बीच पहले से मौजूद खाई से अधिक बड़ी खाई नहीं बनाएगी। एक के लिए तो संसार चोरों का अड्डा है, दूसरे के लिए, यह देवताओं का निवास स्थान है। वह अपने पास एक रिवॉल्वर रखता है और हमेशा लूटे जाने या धोखा दिए जाने से सावधान रहता है (इस तथ्य से अनजान कि वह हर समय खुद को लूट रहा है और धोखा दे रहा है); दूसरा सर्वोत्तम के लिए भोज तैयार रखता है। वह प्रतिभा सौंदर्य, प्रतिभाशाली अच्छाई के लिए अपने दरवाजे खोलता है। उसके मित्र कुलीन स्वभाव के होते हैं। वे स्वयं का एक हिस्सा बन गये हैं। वे उसके विचार क्षेत्र, उसकी चेतना की दुनिया में हैं। उसके हृदय से बड़प्पन निकलता है और यह उन लोगों की भीड़ में दस गुना होकर लौट आता है जो उससे प्यार करते हैं और उसका सम्मान करते हैं।

मानव समाज में प्राकृतिक ग्रेड - विचार के क्षेत्र और उन क्षेत्रों को प्रकट करने वाले आचरण के तरीकों के अलावा वे क्या हैं? सर्वहारा वर्ग इन विभाजनों

के ख़िलाफ़ हो सकता है लेकिन वह उनमें परिवर्तन या प्रभाव नहीं डालेगा। विचार की उन अवस्थाओं को समान करने का कोई कृत्रिम उपाय नहीं है जिनमें कोई प्राकृतिक समानता नहीं है और जो जीवन के मूलभूत सिद्धांतों से अलग हैं। अराजक और कानून का पालन करने वाले हमेशा के लिए अलग-अलग हैं, न तो यह नफरत है और न ही गर्व है जो उन्हें अलग करता है, बल्कि बुद्धिमत्ता की स्थिति और आचरण के तरीके हैं जो चीजों के नैतिक सिद्धांतों में परस्पर असंबंधित हैं। असभ्य और बुरे आचरण वाले लोगों को उनकी अपनी मानसिकता की अभेद्य दीवार द्वारा सज्जन और परिष्कृत लोगों के घेरे से बाहर कर दिया जाता है। हालाँकि वे धैर्यपूर्वक आत्म-सुधार द्वारा इस दीवार को हटा सकते हैं, लेकिन वे कभी भी अश्लील घुसपैठ से नहीं बढ़ सकते। स्वर्ग का राज्य हिंसा से नहीं छीना जाता, बल्कि जो इसके सिद्धांतों का पालन करता है उसे पासवर्ड मिलता है। गुंडों के समाज में गुंडा चलता है, संत उन चुनिंदा भाइयों में से एक हैं जिनका मिलन दिव्य संगीत है। सभी मनुष्य अपनी-अपनी सतह के अनुसार प्रतिबिम्बित करने वाले दर्पण हैं। सभी मनुष्य, मनुष्यों और वस्तुओं की दुनिया को देखते हुए, एक दर्पण में देख रहे हैं जो उनका अपना प्रतिबिंब दिखाता है।

प्रत्येक मनुष्य अपने ही विचारों के सीमित या विस्तृत दायरे में घूमता है और उस घेरे के बाहर की हर चीज़ उसके लिए अस्तित्वहीन है। वह तो वही जानता है जो वह बन गया है। सीमा जितनी संकीर्ण होती है, आदमी उतना ही अधिक आश्वस्त होता है कि अब कोई सीमा नहीं है, कोई अन्य घेरा नहीं है। छोटा बड़े को समाहित नहीं कर सकता और उसके पास बड़े दिमागों को पकड़ने का कोई साधन नहीं है। ऐसा ज्ञान केवल विकास से ही आता है। जो व्यक्ति विचार के व्यापक रूप से विस्तारित दायरे में चलता है वह उन सभी छोटे दायरे को जानता है जिनसे वह उभरा है क्योंकि बड़े अनुभव में, सभी छोटे अनुभव समाहित और

संरक्षित होते हैं और कब उसका घेरा पूर्ण पुरुषत्व के क्षेत्र से टकराता है। कब वह स्वयं को दोषरहित आचरण और गहन समझ के साथ संगति और संगति के लिए उपयुक्त बना रहा है, तब उसकी बुद्धि उसे यह समझाने के लिए पर्याप्त हो जाएगी कि अभी भी व्यापक दायरे हैं जिनके परे वह अभी भी धुंधला सचेत है या पूरी तरह से अज्ञानी है।

पुरुष, स्कूली लड़कों की तरह, खुद को उन मानकों या कक्षाओं में पाते हैं जिनके लिए उनका अज्ञान या ज्ञान उन्हें हकदार बनाता है। छठी कक्षा का पाठ्यक्रम पहली कक्षा के लड़के के लिए एक रहस्य है; यह उसकी समझ के दायरे से बाहर और परे है लेकिन वह लगातार प्रयास और सीखने में धैर्यपूर्वक विकास करके इस तक पहुंचता है। बीच के सभी मानकों में महारत हासिल करने और आगे बढ़ने के बाद वह अंत में छठे स्थान पर आता है और इसकी शिक्षा को अपना बना लेता है और उससे भी परे शिक्षक का क्षेत्र है। तो जीवन में, जिन लोगों के कर्म अंधेरे और स्वार्थी हैं, जुनून और व्यक्तिगत इच्छा से भरे हुए हैं, वे उन लोगों को नहीं समझ सकते जिनके कर्म उज्ज्वल और निःस्वार्थ हैं, जिनके मन शांत, गहरे और शुद्ध हैं, लेकिन वे इस उच्च मानक, इस विस्तारित चेतना तक पहुंच सकते हैं। और सभी निम्न और उच्चतर मानकों से ऊपर और परे मानव जाति के शिक्षक, ब्रह्मांड के स्वामी, दुनिया के उद्धारकर्ता खड़े हैं जिनकी विभिन्न धर्मों के अनुयायी पूजा करते हैं। शिक्षकों में विद्यार्थियों की तरह ही ग्रेड होते हैं, और कुछ ऐसे भी होते हैं जो अभी तक मास्टर के पद और पद तक नहीं पहुंचे हैं, फिर भी, अपने चरित्र की उत्कृष्ट नैतिकता के कारण, मार्गदर्शक और शिक्षक हैं। लेकिन किसी मंच या मंच पर बैठने से कोई व्यक्ति शिक्षक नहीं बन जाता। एक व्यक्ति उस नैतिक महानता के आधार पर शिक्षक बनता है जो मानव जाति के प्रति सम्मान और श्रद्धा का आह्वान करता है।

प्रत्येक मनुष्य उतना ही नीच या ऊँचा, उतना ही छोटा या महान, उतना ही नीच या महान है जितना उसके विचार, न ज्यादा न कम। प्रत्येक व्यक्ति अपने विचारों के दायरे में चलता है और वह क्षेत्र उसकी दुनिया है। जिस दुनिया में वह अपने विचारों की आदतें बनाता है, उसी दुनिया में वह अपना साथ पाता है। वह उस क्षेत्र में निवास करता है जो उसके विशेष विकास के साथ सामंजस्य स्थापित करता है। लेकिन उसे ज़बरदस्ती निचली दुनिया में रहने की ज़रूरत नहीं है। वह अपने विचारों को ऊपर उठा सकता है और ऊपर उठ सकता है। वह ऊपर और परे उच्चतर लोकों में, खुशहाल बस्तियों में जा सकता है। जब वह चुनता है और इच्छा करता है, तो वह स्वार्थी विचार के कवच को तोड़ सकता है और अधिक विस्तृत जीवन की शुद्ध हवा में सांस ले सकता है।

2

चीज़ों की बाहरी दुनिया

यह चीज़ों की दुनिया विचारों की दुनिया का दूसरा भाग है। आंतरिक बाहरी को सूचित करता है। बड़ा छोटे को गले लगाता है। पदार्थ मन का प्रतिरूप है। घटनाएँ विचार की धाराएँ हैं। परिस्थितियाँ विचारों का संयोजन हैं, और बाहरी स्थितियाँ और दूसरों के कार्य जिनमें प्रत्येक व्यक्ति शामिल होता है, उसकी अपनी मानसिक आवश्यकताओं और विकास से घनिष्ठ रूप से संबंधित होते हैं। मनुष्य अपने परिवेश का एक हिस्सा है। वह अपने साथियों से अलग नहीं है, बल्कि विशिष्ट घनिष्ठता और कर्मों की अंतःक्रिया तथा उन मूलभूत तत्वों द्वारा उनसे निकटता से बंधा हुआ है।

विचार के नियम जो मानव समाज की जड़ें हैं।

कोई अपनी सनक और इच्छाओं के अनुरूप बाहरी चीज़ों को नहीं बदल सकता, लेकिन वह अपनी सनक और इच्छाओं को अलग रख सकता है; वह बाहरी चीजों के प्रति अपने मन के दृष्टिकोण को भी बदल सकता है कि वे एक अलग पहलू ग्रहण करेंगे। वह दूसरों के कार्यों को ढाल नहीं सकता।

वह जिस परिस्थिति की दीवार से घिरा हुआ है उसे तोड़ नहीं सकता है, लेकिन वह बुद्धिमानी से खुद को उसके अनुकूल ढाल सकता है, या अपने मानसिक क्षितिज का विस्तार करके बढ़ी हुई परिस्थितियों से बाहर निकलने का रास्ता खोज सकता है। चीजें विचारों का अनुसरण करती हैं। अपने विचारों को बदलें, और चीज़ों को एक नया समायोजन मिलेगा। सच में प्रतिबिंबित करने के लिए, दर्पण को सच होना चाहिए। एक विकृत कांच एक अतिरंजित छवि देता है। अशांत मन संसार का विकृत प्रतिबिम्ब प्रस्तुत करता है। मन को वश में करें, इसे व्यवस्थित और शांत करें, और ब्रह्मांड की एक अधिक सुंदर छवि, विश्व-व्यवस्था की एक अधिक सटीक धारणा का परिणाम होगा।

मनुष्य के पास अपने मन की दुनिया के भीतर उसे शुद्ध करने और पूर्ण करने की सारी शक्ति है; लेकिन अन्य मनों की बाहरी दुनिया में उसकी शक्ति विषयगत और सीमित है। यह तब स्पष्ट हो जाता है जब हम प्रतिबिंबित करते हैं कि प्रत्येक व्यक्ति खुद को मनुष्यों और चीजों की दुनिया में पाता है, समान इकाइयों के असंख्य के बीच एक इकाई। ये इकाइयाँ स्वतंत्र और निरंकुश रूप से नहीं, बल्कि प्रतिक्रियात्मक और सहानुभूतिपूर्वक कार्य करती हैं। मेरे साथी मेरे कार्यों में शामिल हैं, और वे उनसे निपटेंगे। यदि मैं जो कुछ भी करता हूं वह उनके लिए खतरा है, तो वे मेरे खिलाफ सुरक्षात्मक उपाय अपनाएंगे। जैसे मानव शरीर अपने रुग्ण परमाणुओं को बाहर निकाल देता है, वैसे ही राजनीतिक शरीर सहज रूप से अपने अड़ियल सदस्यों को बाहर निकाल देता है। आपके गलत कृत्य इस राजनीतिक शरीर पर लगे बहुत सारे घाव हैं, और इसके घावों का उपचार आपका दर्द और दुःख होगा। यह नैतिक कारण और प्रभाव उस भौतिक कारण और प्रभाव से भिन्न नहीं है जिससे सबसे सरल व्यक्ति परिचित है। यह उसी कानून का विस्तार है; मानवता के बड़े समूह पर इसका अनुप्रयोग। कोई भी कृत्य अछूता

नहीं है। आपका सबसे गुप्त कार्य अदृश्य रूप से रिपोर्ट किया जाता है, सुरक्षित रहना ही अच्छा है; खुशी में, इसकी बुराई दर्द में नष्ट हो जाती है। "जीवन की पुस्तक" की पुरानी कहानी में एक महान नैतिक सत्य है, जिसमें प्रत्येक विचार और कार्य को दर्ज किया जाता है और उसका मूल्यांकन किया जाता है। ऐसा इसलिए है क्योंकि आपका कार्य मानवता और ब्रह्मांड से संबंधित है, इसलिए आप बाहरी प्रभावों को टालने में असमर्थ हैं। लेकिन साथ ही, आप आंतरिक कारणों को संशोधित और ठीक करने में सर्वशक्तिमान हैं; और इसका कारण यह भी है कि अपने कर्मों को पूर्ण करना ही मनुष्य का सर्वोच्च कर्तव्य और सबसे उत्कृष्ट उपलब्धि है।

इस सत्य का विपरीत पक्ष - कि आप बाहरी चीज़ों और कार्यों से बचने में शक्तिहीन हैं - यह है कि बाहरी चीज़ें और कार्य आपको चोट पहुँचाने में शक्तिहीन हैं। आपके बंधन का कारण, आपकी मुक्ति का कारण भीतर ही है। दूसरों के माध्यम से आपको जो चोट पहुंचती है, वह आपके अपने कर्मों का प्रतिफल है, आपके अपने मानसिक दृष्टिकोण का प्रतिफल है। वे साधन हैं, तुम कारण हो। नियति पके हुए कर्म हैं। जीवन का फल, कड़वा और मीठा दोनों, प्रत्येक मनुष्य को उचित मात्रा में प्राप्त होता है। धर्मात्मा व्यक्ति स्वतंत्र है। कोई भी उसे चोट नहीं पहुँचा सकता; उसे कोई नष्ट नहीं कर सकता; कोई भी उसकी शांति नहीं छीन सकता। पुरुषों के प्रति उसका रवैया, समझ से पैदा हुआ, उसे घायल करने की उनकी शक्ति को निष्क्रिय कर देता है। कोई भी चोट जो वे पहुँचाने की कोशिश कर सकते हैं, उसका प्रतिकार उन्हीं को होता है, जिससे वह अहानिकर और अछूता रह जाता है। जो अच्छाई उससे आती है वह उसकी खुशी का शाश्वत स्रोत, उसकी ताकत का शाश्वत स्रोत है। इसका मूल शांति है, इसका फूल आनंद है।

एक व्यक्ति अपने प्रति दूसरे के कार्य में जो हानि देखता है - उदाहरण के लिए, बदनामी का कार्य - वह कार्य में नहीं, बल्कि उसके प्रति उसके मन के दृष्टिकोण में होता है; चोट और दुःख स्वयं उसके द्वारा निर्मित होते हैं, और कर्मों की प्रकृति और शक्ति के बारे में उसकी समझ की कमी के कारण बने रहते हैं। वह सोचता है कि यह कृत्य उसके चरित्र को स्थायी रूप से घायल या बर्बाद कर सकता है, जबकि यह ऐसी किसी भी शक्ति से पूरी तरह से रहित है। वास्तविकता तो यह है कि कार्य केवल करने वाले को ही घायल या बर्बाद कर सकता है। स्वयं को घायल समझकर मनुष्य व्याकुल और दुखी हो जाता है और स्वयं को होने वाली क्षति का प्रतिकार करने के लिए अत्यधिक कष्ट उठाता है। यही कष्ट बदनामी को सत्य का रूप देते हैं और उसमें बाधा बनने के बजाय सहायता करते हैं। उसकी सारी व्याकुलता और अशांति उसके कार्य को स्वीकार करने से पैदा होती है, न कि वास्तव में उस कार्य से। धर्मी मनुष्य ने इस बात को इस बात से सिद्ध कर दिया है कि उसी कार्य से उस में कोई विघ्न उत्पन्न होना बन्द हो गया है। वह समझता है, और इसलिए इसे अनदेखा कर देता है। यह एक ऐसे क्षेत्र से संबंधित है जिसमें उसने निवास करना बंद कर दिया है, चेतना के एक क्षेत्र से जिसका अब उसका कोई संबंध नहीं है। वह कृत्य को अपने अंदर ग्रहण नहीं करता है, स्वयं को चोट पहुंचाने का विचार अनुपस्थित रहता है। वह उस मानसिक अंधकार से ऊपर रहता है जिसमें ऐसे कृत्य पनपते हैं, और वे उसे उतना अधिक घायल या परेशान नहीं कर सकते जितना एक लड़का सूरज पर पत्थर फेंककर उसे घायल कर सकता है या उसका ध्यान भटका सकता है। इस बात पर ज़ोर देने के लिए ही बुद्ध ने, अपने दिनों के अंत तक, अपने शिष्यों को यह बताना कभी नहीं छोड़ा कि जब तक यह विचार बना रहे कि "मैं घायल हो गया हूँ," या "मुझे धोखा दिया गया है," या "मेरा अपमान किया गया है," मनुष्य के मन में उठ सकता है, उसने सत्य को नहीं समझा है।

और जैसा दूसरों के आचरण के साथ होता है, वैसा ही बाहरी चीज़ों के साथ भी होता है - परिवेश और परिस्थितियों के साथ - वे अपने आप में न तो अच्छे होते हैं और न ही बुरे, यह मानसिक दृष्टिकोण और हृदय की स्थिति है जो उन्हें ऐसा बनाती है। एक आदमी कल्पना करता है कि अगर वह परिस्थितियों से बाधित न होता - पैसे की कमी, समय की कमी, प्रभाव की कमी और पारिवारिक संबंधों से मुक्ति की चाहत से, तो वह महान कार्य कर सकता है। वास्तव में, मनुष्य को इन चीज़ों से कोई रुकावट नहीं होती। वह, अपने मन में, उन्हें एक ऐसी शक्ति का श्रेय देता है जो उनके पास नहीं है; अधिकार रखता है, और वह उनके प्रति समर्पित नहीं होता है, बल्कि उनके बारे में अपनी राय के प्रति समर्पित होता है, अर्थात अपने स्वभाव में एक कमज़ोर तत्व के प्रति। वास्तविक "चाह" जो उसे बाधित करती है वह मन के सही दृष्टिकोण की चाहत है। जब वह अपनी परिस्थितियों को अपने संसाधनों के लिए प्रेरणा मानता है, जब वह देखता है कि उसकी तथाकथित "कमियां" ही वे सीढ़ियां हैं जिन पर उसे अपनी उपलब्धि के लिए सफलतापूर्वक चढ़ना है, तो उसकी आवश्यकता आविष्कार को जन्म देती है, और "बाधाओं" को जन्म देती है। सहायता में परिवर्तित हो जाते हैं। मनुष्य सर्व-महत्त्वपूर्ण कारक है। यदि उसका मन स्वस्थ और सही ढंग से व्यवस्थित है, तो वह अपनी परिस्थितियों पर रोना-पीटना नहीं करेगा, बल्कि ऊपर उठेगा और उनसे आगे निकल जाएगा। जो अपनी परिस्थितियों के बारे में शिकायत करता है वह अभी तक आदमी नहीं बन पाया है, और आवश्यकता उसे तब तक चुभती रहेगी और चाबुक मारती रहेगी जब तक वह मर्दानगी की ताकत में नहीं आ जाता है, और फिर वह उसके सामने समर्पण कर देगी। परिस्थिति कमज़ोरों के लिए एक कठोर कार्यपालिका है, ताकतवरों के लिए एक आज्ञाकारी सेवक है।

बाहरी चीज़ें नहीं, बल्कि उनके बारे में हमारे विचार ही हमें बांधते हैं या आज़ाद करते हैं। हम अपनी जंजीरें खुद बनाते हैं, अपनी कालकोठरियां खुद बनाते हैं, खुद को कैदी बना लेते हैं; या हम अपने बंधन खोल देते हैं, अपने महल बना लेते हैं, या सभी दृश्यों और घटनाओं में आज़ादी से घूमते हैं। अगर मैं सोचता हूं कि मेरा परिवेश मुझे बांधने में सक्षम है, तो वह विचार मुझे बांधे रखेगा। अगर मैं सोचूं कि, अपने विचार और जीवन में, मैं अपने परिवेश से ऊपर उठ सकता हूं, तो वह विचार मुझे मुक्त कर देगा। किसी को उसके विचारों के बारे में पूछना चाहिए, "क्या वे बंधन, या मुक्ति की ओर ले जा रहे हैं?" और उसे बांधने वाले विचारों को त्याग देना चाहिए और मुक्त करने वाले विचारों को अपनाना चाहिए।

यदि हम अपने साथी-पुरुषों से डरते हैं, राय से डरते हैं, गरीबी से डरते हैं, मिलों के हटने और प्रभाव से डरते हैं, तो हम वास्तव में बंधे हुए हैं, और प्रबुद्ध की आंतरिक खुशी, न्यायी की स्वतंत्रता को नहीं जान सकते हैं; लेकिन अगर हम अपने विचारों में शुद्ध और स्वतंत्र हैं, अगर हम जीवन की प्रतिक्रियाओं और उलटफेरों में देखते हैं तो हमें परेशानी या डर पैदा करने वाली कोई चीज़ नहीं, बल्कि हमारी प्रगति में सहायता करने वाली हर चीज़ दिखती है, तो ऐसा कुछ भी नहीं बचता जो हमें अपने जीवन के लक्ष्यों को पूरा करने से रोक सके। क्योंकि तब हम वास्तव में स्वतंत्र हैं।

3

आदत: इसकी गुलामी और इसकी स्वतंत्रता

आदत के नियम के अधीन है तो क्या वह स्वतंत्र है? हाँ, वह स्वतंत्र है। मनुष्य ने जीवन और उसके जीने के नियम नहीं बनाए; वे शाश्वत हैं। वह स्वयं को उनमें शामिल पाता है और वह उन्हें समझ सकता है और उनका पालन कर सकता है। मनुष्य की शक्ति उसे अस्तित्व के नियम बनाने में सक्षम नहीं बनाती; यह भेदभाव और विकल्प में विद्यमान है। मनुष्य सार्वभौमिक परिस्थितियों या कानूनों का एक टुकड़ा भी नहीं बनाता है; वे चीज़ों के आवश्यक सिद्धांत हैं, और न तो बने हैं और न ही बिना बने हैं। वह उन्हें खोजता है, बनाता नहीं। उनकी अज्ञानता ही संसार के दुःख का मूल है। उनकी अवहेलना करना मूर्खता और बंधन है। अधिक स्वतंत्र व्यक्ति कौन है – चोर जो अपने देश के कानूनों की अवहेलना करता है या ईमानदार नागरिक जो उनका पालन करता है? फिर, कौन अधिक स्वतंत्र व्यक्ति है, वह मूर्ख जो सोचता है कि वह अपनी इच्छानुसार जी सकता है, या बुद्धिमान व्यक्ति जो केवल वही करना चुनता है जो सही है?

मनुष्य, चीज़ों की प्रकृति में, एक आदतन प्राणी है, और इसे वह बदल नहीं सकता है; लेकिन वह अपनी आदतें बदल सकता है। वह अपनी प्रकृति के नियम को नहीं बदल सकता, लेकिन वह अपनी प्रकृति को कानून के अनुरूप ढाल सकता है। कोई भी मनुष्य गुरुत्वाकर्षण के नियम को बदलना नहीं चाहता, लेकिन सभी मनुष्य स्वयं को इसके अनुसार ढाल लेते हैं। वे इसका उपयोग झुककर करते हैं, न कि इसकी अवहेलना या उपेक्षा करके करते है। पुरुष इस उम्मीद में दीवारों के खिलाफ नहीं दौड़ते या चट्टानों पर छलांग नहीं लगाते कि कानून उनके लिए बदल जाएगा। वे दीवारों के साथ-साथ चलते हैं, और चट्टानों से दूर रहते हैं।

मनुष्य आदत के नियम से उतना अधिक बाहर नहीं निकल सकता जितना वह गुरुत्वाकर्षण के नियम से बाहर निकल सकता है, लेकिन वह इसका उपयोग बुद्धिमानी से या नासमझी से कर सकता है। जैसे वैज्ञानिक और आविष्कारक भौतिक शक्तियों और नियमों का पालन करके और उनका उपयोग करके उन पर महारत हासिल करते हैं, उसी तरह बुद्धिमान लोग आध्यात्मिक शक्तियों और कानूनों पर उसी तरह महारत हासिल करते हैं। जबकि बुरा आदमी आदत का गुलाम होता है, अच्छा आदमी उसका बुद्धिमान निर्देशक और स्वामी होता है। मैं दोहराना चाहूँगा कि यह न तो इसका निर्माता है और न ही इसका मनमाना कमांडर, बल्कि इसका स्व-अनुशासित उपयोगकर्ता, आज्ञाकारिता पर आधारित ज्ञान के आधार पर इसका स्वामी है। वह बुरा आदमी है जिसकी विचार और कार्य की आदतें बुरी हैं। वही अच्छा आदमी है जिसकी विचार और कार्य की आदतें अच्छी हैं। बुरा आदमी अपनी आदतों को बदलकर या परिवर्तित करके अच्छा आदमी बन जाता है। वह कानून में बदलाव नहीं करता; वह स्वयं को बदल लेता है और स्वयं को कानून के अनुरूप ढाल लेता है। स्वार्थी भोग-विलास के आगे समर्पण करने के बजाय, वह नैतिक सिद्धांतों का पालन

करता है। वह उच्चतर की सेवा में भर्ती होकर निम्न का स्वामी बन जाता है। आदत का नियम वही रहता है, लेकिन नियम के साथ पुनः समायोजन से वह बुरे से अच्छे में बदल जाता है।

आदत दोहराव है। मनुष्य एक ही विचार, एक ही कार्य, एक ही अनुभव को बार-बार दोहराता है वे उसके अस्तित्व के साथ तब तक शामिल होते हैं, जब तक कि वे उसके चरित्र में खुद के हिस्से के रूप में शामिल नहीं हो जाते। संकाय तय आदत है। विकास मानसिक संचय है। मनुष्य, आज, लाखों दोहराव वाले विचारों और कार्यों का परिणाम है। वह रेडीमेड नहीं है, वह बन जाता है और अब भी बन रहा है। उसका चरित्र उसकी अपनी पसंद से पूर्व निर्धारित होता है। वह जो विचार, कार्य चुनता है वही बन जाता है।

इस प्रकार प्रत्येक मनुष्य विचारों और कर्मों का समुच्चय है। जो विशेषताएँ वह सहज रूप से और बिना प्रयास के प्रकट करता है, वे विचार और कार्य की रेखाएँ हैं जो लंबे समय तक दोहराव से स्वचालित हो गई हैं; क्योंकि अंततः, अचेतन हो जाना, अपने मालिक की ओर से किसी भी स्पष्ट विकल्प या प्रयास के बिना खुद को दोहराना, यों कहिये कि आदत की प्रकृति है; और कुछ ही समय में यह व्यक्ति पर इस तरह पूर्ण कब्ज़ा कर लेता है कि ऐसा प्रतीत होता है कि उसकी इच्छा इसका प्रतिकार करने में शक्तिहीन हो गई है। सभी आदतों का यही हाल है, चाहे अच्छी हो या बुरी; जब बुरा होता है, तो उस व्यक्ति को बुरी आदत या शातिर दिमाग का "शिकार" कहा जाता है; जब अच्छा होता है, तो उसे स्वभावतः "अच्छे स्वभाव" वाला कहा जाता है।

सभी मनुष्य अपनी आदतों के अधीन हैं और रहेंगे, चाहे वे अच्छे हों या बुरे - अर्थात्, उनके अपने दोहराए गए और संचित विचारों और कार्यों के अधीन, यह जानते हुए, बुद्धिमान व्यक्ति ऐसी सेवा के लिए खुद को अच्छी आदतों के

अधीन करना चुनता है जो आनंद, आनंद और स्वतंत्रता है; जबकि बुरी आदतों के अधीन हो जाना दुःख है, दुर्दशा है, गुलामी है ।

आदत का यह नियम लाभकारी है, क्योंकि जहां यह मनुष्य को गुलामी की ज़ंजीरों में जकड़ने में सक्षम बनाता है, वहीं यह उसे अच्छे पाठ्यक्रमों में इतना स्थिर होने में सक्षम बनाता है कि वह उन्हें अनजाने में भी कर सकता है। सहज रूप से वह करना जो सही है, बिना किसी रोक-टोक या परिश्रम के, और पूर्ण खुशी और स्वतंत्रता के साथ करते हैं । जीवन में इस स्वचालितता को देखते हुए, लोगों ने मनुष्य की ओर से इच्छा या स्वतंत्रता के अस्तित्व को नकार दिया है। वे उसके बारे में अच्छा या बुरा "जन्मजात" होने की बात करते हैं, और उसे अंधी ताकतों का असहाय साधन मानते हैं।

यह सच है कि मनुष्य मानसिक शक्तियों का उपकरण है - या, अधिक सटीक रूप से कहें तो, वह वे शक्तियाँ हैं - लेकिन वे अंधे नहीं हैं, और वह उन्हें निर्देशित कर सकता है, और उन्हें नए चैनलों में पुनर्निर्देशित कर सकता है। एक शब्द में, वह स्वयं को संभाल सकता है और अपनी आदतों का पुनर्निर्माण कर सकता है; हालाँकि यह भी सच है कि वह एक दिए गए चरित्र के साथ पैदा हुआ है, वह चरित्र अनगिनत जीवन का उत्पाद है जिसके दौरान इसे धीरे-धीरे पसंद और प्रयास से बनाया गया है, और इस जीवन में इसे नए अनुभवों से काफी संशोधित किया जाएगा।

चाहे मनुष्य किसी बुरी आदत या बुरी विशेषता के अत्याचार के अधीन प्रत्यक्ष रूप से कितना ही असहाय क्यों न हो गया हो, जब तक विवेक बना रहे, तब तक उससे दूर हो जाओ और मुक्त हो जाओ, उसकी जगह उसकी विपरीत अच्छी आदत ले लो। जब अच्छाई उस पर पहले की तरह हावी हो जाती है, तो उससे अलग होने की न तो कोई इच्छा होगी और न ही ज़रूरत, क्योंकि उसका प्रभुत्व शाश्वत सुख होगा, न कि शाश्वत दुःख होगा।

मनुष्य ने अपने भीतर जो कुछ बना लिया है, उसे वह जब चाहे तो तोड़ सकता है और पुनः बना सकता है; और कोई भी व्यक्ति किसी बुरी आदत को तब तक छोड़ना नहीं चाहता जब तक वह उसे आनंददायक समझता है। यह तब होता है जब यह उस पर एक दर्दनाक अत्याचार मान लेता है कि वह बचने का रास्ता तलाशना शुरू कर देता है, और अंत में कुछ बेहतर करने के लिए बुरे को छोड़ देता है।

कोई भी व्यक्ति असहाय रूप से बंधा हुआ नहीं है। जिस कानून के द्वारा वह आत्म-बंधित गुलाम बन गया है, वही कानून उसे आत्म-मुक्त स्वामी बनने में सक्षम बनाएगा। इसे जानने के लिए, उसे बस इस पर कार्य करना होगा - यानी, जानबूझकर और ज़ोरदार ढंग से विचार और आचरण की पुरानी रेखाओं को त्यागना होगा, और परिश्रमपूर्वक नई और बेहतर रेखाओं को गढ़ना होगा। वह इसे एक दिन में, एक सप्ताह में, एक महीने में, एक वर्ष में या पाँच वर्ष में पूरा नहीं कर सकता; उसे निराश और हताश नहीं होना चाहिए। नई पुनरावृत्तियों को स्थापित करने और पुरानी पुनरावृत्तियों को तोड़ने के लिए समय की आवश्यकता होती है; लेकिन आदत का नियम निश्चित और अचूक है, और प्रयास की एक पंक्ति जिसे धैर्यपूर्वक अपनाया जाता है और कभी नहीं छोड़ा जाता है, निश्चित रूप से सफलता के साथ ताज पहनाया जाता है। यदि एक बुरी स्थिति, एक माल निषेध, स्थिर और दृढ़ हो सकता है, तो एक अच्छी स्थिति, एक सकारात्मक सिद्धांत, कितनी अधिक निश्चित रूप से स्थापित और शक्तिशाली बन सकता है! एक व्यक्ति अपने अंदर के गलत और दुखी तत्वों पर काबू पाने में तब तक शक्तिहीन है जब तक वह खुद को शक्तिहीन मानता है। यदि बुरी आदत में यह विचार जोड़ दिया जाए कि "मैं नहीं कर सकता" तो बुरी आदत बनी रहेगी। जब तक शक्तिहीनता का विचार मन से उखाड़कर समाप्त नहीं कर दिया जाता, तब तक कुछ भी दूर नहीं किया जा सकता। सबसे बड़ी बाधा आदत नहीं है, उस पर

काबू पाने की असंभवता में विश्वास है। कोई व्यक्ति किसी बुरी आदत पर तब तक कैसे काबू पा सकता है जब तक उसे यकीन हो कि यह असंभव है? किसी व्यक्ति को इस पर विजय पाने से कैसे रोका जा सकता है जब वह जानता है कि वह ऐसा कर सकता है, और ऐसा करने के लिए कृतसंकल्प है? वह प्रमुख विचार जिसके द्वारा मनुष्य ने स्वयं को गुलाम बना लिया है, वह विचार है "मैं अपने पापों पर विजय नहीं पा सकता"। इस विचार को उसकी संपूर्ण स्पष्टता के साथ प्रकाश में लाएँ, और इसे बुराई की शक्ति में विश्वास के रूप में देखा जाएगा, इसके दूसरे ध्रुव के साथ, अच्छाई की शक्ति में अविश्वास एक मण्टो के लिए यह कहना या विश्वास करना कि वह ऊपर नहीं उठ सकता, बुराई के सामने झुकना, अच्छाई को छोड़ना और त्यागना है।

ऐसे विचारों, ऐसी मान्यताओं से मनुष्य अपने को बाँध लेता है; उनके विपरीत विचारों, विपरीत मान्यताओं से वह स्वयं को मुक्त कर लेता है। मन का बदला हुआ दृष्टिकोण चरित्र, आदतें, जीवन सब बदल देता है। मनुष्य अपना उद्धारकर्ता स्वयं है। वह अपना दासत्व लेकर आया है; वह अपनी मुक्ति ला सकता है। वह सारी उम्र देखता रहा है, और अभी भी किसी बाहरी मुक्तिदाता की तलाश में है, लेकिन वह अभी भी बंधा हुआ है। महान उद्धारकर्ता भीतर है; वह सत्य की आत्मा है; और सत्य की आत्मा भलाई की आत्मा है।

मनुष्य अपने गलत विचारों के अलावा किसी भी शक्ति से बंधा नहीं है और वह इनसे स्वयं को मुक्त कर सकता है। सबसे महत्वपूर्ण, गुलाम बनाने वाले विचार जिनसे उसे छुटकारा पाना है वे हैं - "मैं उठ नहीं सकता," "मैं बुरी आदतों से छुटकारा नहीं पा सकता," "मैं अपना स्वभाव नहीं बदल सकता," "मैं खुद को नियंत्रित नहीं कर सकता" इन सभी नहीं को उन चीज़ों में कोई अस्तित्व नहीं है जिनके प्रति वे समर्पण करते हैं; वे केवल विचार में मौजूद हैं।

इस तरह के निषेध बुरी विचार-आदतें हैं जिन्हें खत्म करने की ज़रूरत है, और उनके स्थान पर सकारात्मक "मैं कर सकता हूं" का रोपण किया जाना चाहिए, जिसकी तब तक देखभाल और विकास किया जाना चाहिए जब तक कि यह आदत का एक शक्तिशाली पेड़ नहीं बन जाता, सही और सुखी जीवन का अच्छा और जीवन देने वाला फल देता है।

आदत हमें बांधती है; आदत हमें आज़ाद करती है। आदत मुख्य रूप से विचार में होती है, बाद में कर्म में। विचार को बुरे से अच्छे की ओर मोड़ो, कार्य तुरंत अनुसरण करेगा। बुरे में बने रहो, और यह तुम्हें और अधिक कसकर बांध देगा; अच्छाई में बने रहें, और यह आपको स्वतंत्रता के निरंतर विस्तृत होते क्षेत्रों में ले जाएगी। जिसे बंधन प्रिय हो, वह बंधा ही रहे। जो स्वतंत्रता का प्यासा है, वह आये और स्वतंत्र हो जाये।

4

शारीरिक स्थितियाँ

शरीर के उपचार के लिए समर्पित कई अलग-अलग स्कूल हैं; एक तथ्य जो शारीरिक पीड़ा की व्यापकता को दर्शाता है, क्योंकि पुरुषों के मन को आराम देने के लिए समर्पित सैकड़ों धर्म मानसिक पीड़ा की सार्वभौमिकता को साबित करते हैं। इनमें से प्रत्येक स्कूल का अपना स्थान है जहां तक वह दुखों को दूर करने में सक्षम है, यहां तक कि जहां यह बुराई को खत्म नहीं करता है; क्योंकि उपचार के इन सभी विद्यालयों के साथ, बीमारी और दर्द के तथ्य हमारे साथ बने रहते हैं, जैसे अनेक धर्मों के होते हुए भी केवल अस्मिता और दुःख ही शेष हैं।

रोग और पीड़ा, पाप और दुःख की तरह, इतनी गहराई तक व्याप्त हैं कि उन्हें उपशामक उपायों से दूर नहीं किया जा सकता। हमारी बीमारियों का एक नैतिक कारण मन में गहराई तक जड़ जमाए होता है। इससे मैं यह निष्कर्ष नहीं निकालता कि शारीरिक स्थितियों का बीमारी में कोई हिस्सा नहीं है; वे उपकरण के रूप में, कार्य-कारण की श्रृंखला में कारकों के रूप में एक महत्वपूर्ण भूमिका निभाते हैं। सूक्ष्म जीव अस्वच्छता का साधन था, और अस्वच्छता, मुख्य रूप से,

एक नैतिक विकार है। पदार्थ दृश्यमान मन है, और वह शारीरिक द्वंद्व जिसे हम रोग कहते हैं, उस मानसिक द्वंद्व का कारणात्मक संबंध है जो पाप से जुड़ा है। अपनी वर्तमान मानवीय या आत्म-जागरूक अवस्था में, मनुष्य का मन लगातार हिंसक परस्पर विरोधी इच्छाओं से परेशान हो रहा है, और उसके शरीर पर रुग्ण तत्वों द्वारा हमला किया जा रहा है। वह मानसिक असमंजस और शारीरिक परेशानी की स्थिति में है। अपनी जंगली और आदिम अवस्था में जानवर बीमारी से मुक्त होते हैं क्योंकि वे असामंजस्य से मुक्त होते हैं। वे अपने परिवेश के अनुरूप हैं, उनकी कोई नैतिक ज़िम्मेदारी नहीं है और पाप की कोई भावना नहीं है, और पश्चाताप, शोक, निराशा आदि की उन हिंसक परेशानियों से मुक्त हैं, जो मनुष्य के सद्भाव और खुशी के लिए विनाशकारी हैं। जैसे ही मनुष्य दिव्य या ब्रह्मांड-चेतन अवस्था में चढ़ता है, वह इन सभी आंतरिक संघर्षों को पीछे और अपने नीचे छोड़ देगा, पाप और पाप की सभी भावनाओं पर काबू पा लेगा, और पश्चाताप और दुःख को दूर कर देगा। इस प्रकार मानसिक सामंजस्य बहाल होने पर, वह शारीरिक सामंजस्य, पूर्णता, स्वास्थ्य बहाल हो जाएगा।

शरीर मन की छवि है, और इसमें छिपे हुए विचारों की दृश्य विशेषताएं पाई जाती हैं। बाहरी आंतरिक का पालन करता है, और भविष्य का प्रबुद्ध वैज्ञानिक प्रत्येक शारीरिक विकार को मानसिकता में उसके नैतिक कारण का पता लगाने में सक्षम हो सकता है।

मानसिक सद्भाव, या नैतिक पूर्णता, शारीरिक स्वास्थ्य का निर्माण करती है। मैं कहता हूँ कि इसके लिए बनाता है, क्योंकि यह इसे जादुई ढंग से उत्पन्न नहीं करेगा - जैसे कि किसी को दवा की एक बोतल निगलनी चाहिए और फिर पूर्ण और मुक्त हो जाना चाहिए। लेकिन यदि मानसिकता अधिक संतुलित और शांत हो रही है, यदि नैतिक कद बढ़ रहा है, तो एक निश्चित आधार है।

शारीरिक पूर्णता स्थापित की जा रही है, शक्तियों का संरक्षण किया जा रहा है और बेहतर दिशा और समायोजन प्राप्त हो रहा है; और भले ही पूर्ण स्वास्थ्य प्राप्त न हो, शारीरिक विक्षिप्तता, चाहे वह कुछ भी हो, मज़बूत और उन्नत मन को कमज़ोर करने की अपनी शक्ति खो देगी।

जो व्यक्ति शारीरिक रूप से पीड़ित है, वह ज़रूरी नहीं कि तुरंत ठीक हो जाए जब वह अपने दिमाग को नैतिक और सामंजस्यपूर्ण सिद्धांतों पर ढालना शुरू कर दे; वास्तव में, कुछ समय के लिए, जब शरीर संकट में आ रहा है, और पूर्व अस्वस्थता के प्रभावों को दूर कर रहा है, तो रुग्ण स्थिति तीव्र होती दिखाई दे सकती है। चूँकि किसी व्यक्ति को तुरंत पूर्ण शांति नहीं मिलती है इसलिए वह धार्मिकता के मार्ग पर प्रवेश करता है, लेकिन दुर्लभ मामलों को छोड़कर, उसे समायोजन की एक दर्दनाक अवधि से गुज़रना पड़ता है। न ही वह, समान दुर्लभ अपवादों के साथ, तुरंत पूर्ण स्वास्थ्य प्राप्त कर पाता है। शारीरिक और मानसिक पुनर्समायोजन के लिए समय की आवश्यकता होती है, और यदि स्वास्थ्य नहीं भी मिलता है, तो भी संपर्क किया जाएगा।

यदि मन को मज़बूत बना दिया जाए, तो शारीरिक स्थिति मज़बूत हो जाएगी और उसका वह प्राथमिक महत्व नहीं रह जाएगा जो कई लोग उसे देते हैं। यदि कोई विकार ठीक नहीं होता है, तो मन उससे ऊपर उठ सकता है, और उसके वश में होने से इंकार कर सकता है। इसके बावजूद कोई खुश, मज़बूत और उपयोगी हो सकता है। स्वास्थ्य विशेषज्ञों द्वारा अक्सर दिया जाने वाला यह कथन कि शारीरिक स्वास्थ्य के बिना उपयोगी और सुखी जीवन असंभव है, इस तथ्य से अस्वीकृत हो जाता है कि बड़ी संख्या में ऐसे लोग जिन्होंने महानतम कार्य किए हैं - प्रतिभाशाली और सभी विभागों में बेहतर प्रतिभा वाले लोग - अपने काम में पीड़ित हुए हैं, और आज इस तथ्य के बहुत सारे जीवित गवाह हैं। कभी-कभी

शारीरिक कष्ट मानसिक गतिविधि के लिए उत्तेजना और सहायता के रूप में कार्य करता है बल्कि उसके काम में बाधा डालता है। उपयोगी और सुखी जीवन को स्वास्थ्य पर निर्भर बनाना, मन से पहले पदार्थ को रखना है, आत्मा को शरीर के अधीन करना है।

मज़बूत दिमाग वाले लोग अपनी शारीरिक स्थिति पर ध्यान नहीं देते हैं यदि यह किसी भी तरह से अव्यवस्थित है - वे इसे अनदेखा करते हैं, और काम करते हैं, जीते रहते हैं, जैसे कि यह था ही नहीं। शरीर की यह अनदेखी न केवल मन को स्वस्थ और मज़बूत रखती है, बल्कि यह शरीर को ठीक करने का सबसे अच्छा संसाधन है। यदि हमारे पास पूर्णतः स्वस्थ शरीर नहीं हो सकता है, तो हम एक स्वस्थ मन प्राप्त कर सकते हैं, और स्वस्थ मन ही स्वस्थ शरीर के लिए सबसे अच्छा मार्ग है।

एक रुग्ण मन एक अव्यवस्थित शरीर की तुलना में अधिक निंदनीय है, और यह शरीर को रुग्णता की ओर ले जाता है। मानसिक रूप से विकलांग व्यक्ति शारीरिक रूप से विकलांग की तुलना में कहीं अधिक दयनीय स्थिति में होता है। ऐसे विकलांग लोग हैं (हर चिकित्सक उन्हें जानता है) जिन्हें केवल यह पता लगाने के लिए खुद को एक मज़बूत, निःस्वार्थ, खुश दिमाग में उठाने की जरूरत है कि उनका शरीर संपूर्ण और सक्षम है।

मनुष्य के नाम से पुकारे जाने वाले सभी लोगों को अपने बारे में, अपने शरीर और भोजन के बारे में बुरे विचारों को समाप्त कर देना चाहिए। जो व्यक्ति यह सोचता है कि जो पौष्टिक भोजन वह खा रहा है वह उसे नुकसान पहुंचाएगा, उसे मानसिक शक्ति के माध्यम से शारीरिक शक्ति में आने की ज़रूरत है। किसी के शारीरिक स्वास्थ्य और सुरक्षा को एक विशेष प्रकार के भोजन पर निर्भर मानना, जो लगभग हर घर में अनुपस्थित है, क्षुद्र विकारों को बढ़ावा देना है। जो

शाकाहारी कहता है कि उसे आलू खाने की हिम्मत नहीं है, कि फल अपच पैदा करता है, कि सेब से उसे एसिडिटी होती है, कि दालें ज़हर हैं, कि वह हरी सब्जियों से डरता है इत्यादि, वह उस नेक काम को हतोत्साहित कर रहा है जिसका वह समर्थन करने का दावा करता है। जिससे यह उन ताकतवर लोगों की नज़रों में हास्यास्पद लगे।

मांस खाने वाले जो ऐसे रुग्ण भय और रुग्ण आत्म-निरीक्षण से ऊपर रहते हैं। यह कल्पना करना कि पृथ्वी के फल, जो भूख लगने पर और भोजन की आवश्यकता होने पर खाए जाते हैं, स्वास्थ्य और जीवन के लिए विनाशकारी हैं, भोजन की प्रकृति और भूमिका को पूरी तरह से गलत समझना है। भोजन का कार्य शरीर को बनाए रखना और संरक्षित करना है, न कि उसे कमज़ोर बनाना और नष्ट करना। यह एक अजीब भ्रम है - और जिसकी शरीर पर हानिकारक प्रतिक्रिया होनी चाहिए। जिसके पास बहुत से लोग हैं जो आहार के माध्यम से स्वास्थ्य की तलाश कर रहे हैं, यह भ्रम है कि कुछ सबसे सरल, सबसे प्राकृतिक और सबसे शुद्ध आहार अपने आप में बुरे हैं, कि उनमें मृत्यु के तत्व हैं, जीवन के नहीं। इन खाद्य-सुधारकों में से एक ने एक बार मुझसे कहा था कि उनका मानना है कि उनकी बीमारी (साथ ही हज़ारों अन्य लोगों की बीमारियाँ) रोटी खाने के कारण होती हैं; रोटी की अधिकता से नहीं, परन्तु रोटी से ही; और फिर भी इस आदमी के भोजन में पौष्टिक, घर में बनी, साबुत आटे की रोटियाँ शामिल थीं। आइए हम अपनी बीमारियों के लिए ऐसे निर्दोष कारणों को जिम्मेदार ठहराने से पहले अपने पापों, अपने कुत्सित विचारों, अपने भोग-विलास और मूर्खतापूर्ण ज्यादतियों से छुटकारा पा लें।

किसी की छोटी-छोटी परेशानियों और बीमारियों पर ध्यान देना चरित्र की कमज़ोरी का प्रकटीकरण है। विचारों में उन पर इतना ध्यान देने से उनके बारे में

बार-बार बात होती है, और बदले में, उनका मन पर अधिक स्पष्ट रूप से प्रभाव पड़ता है, जो जल्द ही इस तरह की दुलार और दया से हतोत्साहित हो जाता है। सुख और स्वास्थ्य पर ध्यान देना उतना ही सुविधाजनक है जितना दुःख और बीमारी पर; उनके बारे में बात करना जितना आसान है, उतना ही सुखद और लाभदायक भी होता हे।

"आइए, हम खुशी से जिएं, उन लोगों से नफरत न करें जो हमसे नफरत करते हैं!

उन मनुष्यों के बीच जो हमसे घृणा करते हैं, आइए हम घृणा से मुक्त होकर निवास करें!

आइए हम बीमारों के बीच बीमारियों से मुक्त होकर खुशी से रहें!

आइए हम लालची मनुष्यों के बीच लालच से मुक्त होकर निवास करें!

नैतिक सिद्धांत स्वास्थ्य के साथ-साथ खुशी के लिए भी सबसे मजबूत आधार हैं। वे आचरण के सच्चे नियामक हैं, और वे जीवन के हर विवरण को अपनाते हैं। जब ईमानदारी से समर्थन किया जाता है और समझदारी से समझा जाता है, तो वे एक व्यक्ति को अपने पूरे जीवन को सबसे स्पष्ट रूप से महत्वहीन विवरण तक पुनर्गठित करने के लिए मजबूर कर देंगे। किसी के आहार को निश्चित रूप से नियंत्रित करते हुए, वे चिड़चिड़ापन, भोजन-भय, और खाद्य पदार्थों की हानिकारकता के बारे में मूर्खतापूर्ण सनक और आधारहीन राय को समाप्त कर देंगे। जब अच्छे नैतिक स्वास्थ्य ने आत्म-भोग और आत्म-दया को खत्म कर दिया है, तो सभी प्राकृतिक खाद्य पदार्थों को वैसे ही देखा जाएगा जैसे वे हैं - शरीर के पोषक, न कि इसके विध्वंसक।

इस प्रकार शारीरिक स्थितियों पर विचार हमें अनिवार्य रूप से मन और उन नैतिक गुणों की ओर वापस लाता है जो इसे अजेय सुरक्षा के साथ मज़बूत करते हैं। यह नैतिक रूप से सही शारीरिक रूप से सही हैं। निश्चित सिद्धांतों के संदर्भ के बिना, विचारों और कल्पनाओं से जीवन के विवरणों को लगातार स्थानांतरित करते रहना, भ्रम में फँसना है; लेकिन विवरण को नैतिक सिद्धांतों द्वाराअनुशासित करना है प्रबुद्ध दृष्टि से, सभी विवरणों को उनके उचित स्थान और क्रम में देखें।

प्रबुद्ध दृष्टि से, सभी विवरणों को उनके उचित स्थान और क्रम में देखें।

यह नैतिक व्यवस्था को समझने के लिए, उनके व्यक्तिगत क्षेत्र में, अकेले नैतिक सिद्धांत को दिया गया है। केवल उन्हीं में वह अंतर्दृष्टि निवास करती है जो कारणों को भेदती है, और केवल उन्हीं में सभी विवरणों को उनके क्रम और स्थान पर तुरंत आदेश देने की शक्ति होती है, जैसे चुंबक स्टील के बुरादे को खींचता है और ध्रुवीकृत करता है।

शरीर को स्वस्थ करने से भी बेहतर है उससे ऊपर उठना; उसका स्वामी बनना, और उस पर अत्याचार न करना; इसका दुरुपयोग न करें, इसकी प्रशंसा न करें, इसके दावों को सदाचार से पहले कभी न रखें; अपने सुखों को अनुशासित और संयमित करना, और अपने दर्द से उबरना नहीं - एक शब्द में, नैतिक शक्तियों की शांति और ताकत में रहना, यह, शारीरिक इलाज से बेहतर, इलाज का एक सुरक्षित तरीका है, और यह मानसिक शक्ति और आध्यात्मिक विश्राम का स्थायी स्रोत है।

5

गरीबी

सभी युगों के महानतम व्यक्तियों में से किसी ने भी अपने ऊँचे उद्देश्यों को बेहतर ढंग से पूरा करने में सक्षम बनाने के लिए धन को त्याग दिया और गरीबी को अपनाया। फिर, गरीबी को इतनी भयानक बुराई क्यों माना जाता है? ऐसा क्यों है कि इस गरीबी को, जिसे ये महापुरुष आशीर्वाद मानते हैं और दुल्हन की तरह अपनाते हैं, मानव जाति के बड़े हिस्से को एक संकट और प्लेग के रूप में देखना चाहिए? उत्तर सीधा है। एक मामले में, गरीबी मन की कुलीनता से जुड़ी है जो न केवल बुराई के सभी स्वरूपों को दूर करती है, बल्कि इसे ऊपर उठाती है और इसे अच्छा और सुंदर बनाती है, इसे धन और सम्मान की तुलना में अधिक आकर्षक और वांछनीय बनाती है। इतना कि उस महान भिक्षुक की गरिमा और खुशी को देखकर, हज़ारों लोग उसकी जीवनशैली अपनाकर उसका अनुकरण करते हैं। दूसरे मामले में, हमारे महान शहरों की गरीबी हर उस चीज से जुड़ी है जो मतलबी और घृणित - गाली-गलौज, नशे, गंदगी, आलस्य, बेईमानी और अपराध के साथ है। तो फिर, प्राथमिक बुराई क्या है: क्या यह गरीबी है, या यह पाप है? उत्तर

अनिवार्य है - यह पाप है। गरीबी से पाप हटा दो, और उसका दंश चला जाएगा; यह वह विशाल बुराई नहीं रह गई है जो प्रकट हुई थी, और इसे अच्छे और नेक उद्देश्यों की ओर भी मोड़ा जा सकता है। कन्फ्यूशियस ने अपने गरीब शिष्यों में से एक, येन-हुई को अपने अमीर शिष्यों के लिए उच्च सद्गुणों के उदाहरण के रूप में नाम दिया, फिर भी "हालांकि वह इतना गरीब था कि उसे चावल और पानी पर रहना पड़ता था, और उसके पास इससे बेहतर कोई आश्रय नहीं था" खैर, उसने कोई शिकायत नहीं की। जहाँ यह दरिद्रता अन्य मनुष्यों को असन्तुष्ट और दुःखी बनाती, वहाँ उन्होंने अपनी समता को भंग नहीं होने दिया।" गरीबी किसी महान चरित्र को कमज़ोर नहीं कर सकती, लेकिन यह उसे बेहतर लाभ की ओर ले जा सकती है। येन-हुई के गुण गरीबी में स्थापित होने के कारण और भी अधिक चमक उठे, विपरीत पृष्ठभूमि में चमकते हुए रत्नों की तरह।

सामाजिक सुधारों में गरीबी को उन पापों का कारण मानना आम बात है जिनके साथ यह जुड़ी हुई है; फिर भी वही सुधारक अमीरों की अनैतिकताओं को उनके धन के कारण होने वाला बताते हैं। जहां कोई कारण है, वहां उसका प्रभाव प्रकट होगा और यदि अमीरी अनैतिकता का कारण है, और गरीबी पतन का कारण है, तो हर अमीर आदमी अनैतिक हो जाएगा और हर गरीब आदमी पतन की ओर आ जाएगा।

एक दुष्ट व्यक्ति किसी भी परिस्थिति में बुराई करेगा, चाहे वह अमीर हो या गरीब, या दोनों स्थितियों के बीच में हो। सही कर्ता सही ही करेगा, चाहे उसे किसी भी स्थिति में रखा जाए। चरम परिस्थितियाँ उस बुराई को बाहर लाने में मदद कर सकती हैं जो पहले से ही अपने अवसर की प्रतीक्षा में है, लेकिन वे बुराई का कारण नहीं बन सकती हैं, उसे पैदा नहीं कर सकती हैं। किसी की वित्तीय स्थिति से असंतोष गरीबी के समान नहीं है। बहुत से लोग खुद को ग़रीब मानते हैं जिनकी

आय कई सैकड़ों में होती है - और कुछ मामलों में हल्की ज़िम्मेदारियों के साथ, प्रति वर्ष कई हज़ार पाउंड होती है। वे कल्पना करते हैं कि उनकी पीड़ा गरीबी है; उनकी असली परेशानी लोभ है। वे गरीबी से नहीं, बल्कि धन की प्यास से दुखी होते हैं। गरीबी अक्सर पर्स से ज्यादा दिमाग में होती है। जब तक कोई व्यक्ति अधिक धन की प्यास रखता है, तब तक वह स्वयं को गरीब समझेगा, और इस अर्थ में वह गरीब है, क्योंकि लोभ मन की गरीबी है। एक कंजूस करोड़पति हो सकता है, लेकिन वह उतना ही गरीब है जितना तब था जब वह दरिद्र था।

दूसरी ओर, गरीबी और बदहाली में जी रहे बहुत से लोगों के साथ समस्या यह है कि वे अपनी स्थिति से संतुष्ट हैं। गंदगी, अव्यवस्था, आलस्य और स्व-भोग में रहना, गंदे विचारों, गंदे शब्दों और अशुद्ध परिवेश में आनंद लेना और स्वयं से संतुष्ट रहना निंदनीय है। यहां फिर से, "गरीबी" खुद को एक मानसिक स्थिति में बदल लेती है, और इसका समाधान, एक "समस्या" के रूप में, व्यक्ति की बाहरी स्थिति के बजाय उसके भीतर के सुधार में खोजा जाना चाहिए। मनुष्य को भीतर से स्वच्छ और जागरूक बनाया जाए, और वह बाहर की गंदगी और पतन से संतुष्ट नहीं रहेगा। अपने मन को व्यवस्थित करके, वह फिर अपने घर को व्यवस्थित करेगा; वास्तव में, उसे और दूसरों, दोनों को पता चल जाएगा कि उसने खुद को इस तथ्य से सही कर लिया है, कि उसने अपने आस-पास के वातावरण को सही कर लिया है। उनका बदला हुआ हृदय उनके बदले हुए जीवन में दिखता है।

निस्संदेह, ऐसे लोग हैं जो न तो स्वयं को धोखा देते हैं और न ही स्वयं को अपमानित करते हैं और फिर भी गरीब हैं। ऐसे बहुत से लोग गरीब रहने में संतुष्ट हैं। वे संतुष्ट, मेहनती और खुश हैं, और कुछ नहीं चाहते हैं; लेकिन उनमें से जो लोग असंतुष्ट हैं, और बेहतर परिवेश और अधिक दायरे के लिए महत्वाकांक्षी हैं, उन्हें अपनी गरीबी का उपयोग अपनी प्रतिभा और ऊर्जा के प्रयोग के लिए

प्रेरणा के रूप में करना चाहिए। आत्म-सुधार और कर्तव्य पर ध्यान देकर, वे पूर्ण, अधिक जिम्मेदार जीवन की ओर बढ़ सकते हैं।

कर्तव्य के प्रति समर्पण, वास्तव में, न केवल उस गरीबी से बाहर निकलने का रास्ता है जिसे प्रतिबंधात्मक माना जाता है, बल्कि यह समृद्धि, प्रभाव और स्थायी आनंद, हां, यहां तक कि पूर्णता तक पहुंचने का शाही मार्ग भी है। जब इसे गहरे अर्थों में समझा जाता है तो यह जीवन में जो कुछ भी सर्वोत्तम और श्रेष्ठ है, उससे जुड़ा हुआ दिखाई देता है। इसमें ऊर्जा, उद्योग, किसी के जीवन के व्यवसाय पर केंद्रित ध्यान, उद्देश्य की एकता, साहस और वफादारी, दृढ़ संकल्प और आत्मनिर्भरता, और वह आत्म-त्याग शामिल है जो सभी वास्तविक महानता की कुंजी है। एक बार एक बेहद सफल व्यक्ति से पूछा गया, "आपकी सफलता का रहस्य क्या है?" और उसने उत्तर दिया, "सुबह छह बजे उठना, और अपने काम से काम रखना।" सफलता, सम्मान और प्रभाव हमेशा उसी को मिलते हैं जो लगन से अपने जीवन के कार्यों में भाग लेता है, और धार्मिक रूप से दूसरों के कर्तव्यों में हस्तक्षेप करने से बचता है।

यहां इसका आग्रह किया जा सकता है, और आमतौर पर इतना आग्रह किया जाता है, कि जो लोग गरीबी में हैं उनमें से अधिकांश के पास खुद को किसी विशेष कार्य के लिए देने का समय या अवसर नहीं है। यह एक गलती है। समय और अवसर हमेशा हाथ में होते हैं, हर समय हर किसी के साथ होते हैं। उपर्युक्त गरीबों में से जो जहां हैं वहीं रहकर संतुष्ट हैं। वे अपने कारखाने के श्रम में हमेशा मेहनती रह सकते हैं, और अपने घरों में शांत और खुश रह सकते हैं; लेकिन उनमें से जो उन्हें लगता है कि वे दूसरे क्षेत्र को बेहतर ढंग से भर सकते हैं, अपने खाली समय में खुद को शिक्षित करके इसके लिए तैयारी कर सकते हैं। कड़ी मेहनत करने वाले गरीब, सबसे पहले, वे लोग हैं जिन्हें अपने समय और ऊर्जा की बचत

करने की आवश्यकता होती है; और जो युवा ऐसी गरीबी से बाहर निकलना चाहता है, उसे सबसे पहले शराब, तम्बाकू, यौन बुराई, संगीत हॉल, क्लब और गेमिंग पार्टियों में देर रात तक जाने वाले मूर्खतापूर्ण और व्यर्थ भोग को त्याग देना चाहिए और अपनी शाम को सुधार के लिए देना चाहिए। उसके मन की शिक्षा के उस क्रम में जो उसकी उन्नति के लिए आवश्यक है। इस पद्धति से, पूरे इतिहास में सबसे प्रभावशाली व्यक्तियों की संख्या - उनमें से कुछ सबसे महान लोगों में से हैं - ने खुद को सबसे सामान्य गरीबी से ऊपर उठाया है। एक तथ्य जो साबित करता है कि आवश्यकता का समय अवसर का समय है, न कि जैसा कि अक्सर कल्पना और घोषित किया जाता है, अवसर का विनाश; गरीबी जितनी गहरी होती है, उन लोगों में कार्य करने की प्रेरणा उतनी ही अधिक होती है जो खुद से असंतुष्ट होते हैं और उपलब्धि हासिल करने पर आमादा होते हैं।

गरीबी एक बुराई है या नहीं, यह उस व्यक्ति के चरित्र और मन की स्थिति के अनुसार होता है जो गरीबी में है। धन एक बुराई है या नहीं। टॉल्स्टॉय अपनी समृद्ध परिस्थितियों से परेशान थे। उसके लिए वे बहुत बड़े दुष्ट थे। वह गरीबी के लिए उसी प्रकार लालायित था जिस प्रकार लोभी धन के लिए लालायित रहता है। हालाँकि, बुराई हमेशा एक बुराई होती है, क्योंकि यह उस व्यक्ति को अपमानित करती है जो इसे करता है, और समाज के लिए एक खतरा है। गरीबी का एक तार्किक और गहन अध्ययन हमें हमेशा व्यक्ति और मानव हृदय की ओर वापस लाएगा। जब हमारे समाज सुधारक बुराई की निंदा करते हैं जैसे वे अब अमीरों की करते हैं; जब वे गलत जीवन को खत्म करने के लिए उतने ही उत्सुक हैं जितना कि वे अब कम मज़दूरी को खत्म करने के लिए हैं, तो हम निम्नीकृत गरीबी के उस रूप में कमी की उम्मीद कर सकते हैं। इनमें से एक है हमारी सभ्यता पर काले धब्बे। इससे पहले कि ऐसी गरीबी पूरी तरह से गायब हो जाए, विकास की प्रक्रिया

के दौरान मानव हृदय में आमूल-चूल परिवर्तन आ चुका होगा। जब शुद्ध हृदय लोभ और स्वार्थ से शुद्ध हो जाता है; जब नशे, अपवित्रता, आलस्य और आत्म-भोग को पृथ्वी से हमेशा के लिए दूर कर दिया जाएगा, तब गरीबी और अमीरी का पता नहीं चलेगा, और हर आदमी अपने कर्तव्यों को अभी भी पूर्ण और गहरे आनंद के साथ करेगा (कुछ को छोड़कर) जिनके हृदय पहले से ही शुद्ध हैं, मनुष्यों के लिए अज्ञात हैं, और सभी अपने परिश्रम का फल उत्कृष्ट आत्म-सम्मान और पूर्ण शांति में खाएंगे।

6

मनुष्य का आध्यात्मिक प्रभुत्व

वह राज्य जिस पर मनुष्य का निर्विवाद प्रभुत्व के साथ शासन करना नियति है, वह उसके अपने मन और जीवन का है। लेकिन यह साम्राज्य, जैसा कि पहले ही दिखाया गया है, ब्रह्मांड से अलग नहीं है, केवल अपने तक ही सीमित नहीं है। इसका संपूर्ण मानवता से, प्रकृति से, उन घटनाओं के प्रवाह से, जिनमें वह कुछ समय के लिए शामिल है और विशाल ब्रह्मांड से घनिष्ठ संबंध है। इस प्रकार इस साम्राज्य की महारत में जीवन के ज्ञान की महारत शामिल है, यह मनुष्य को ज्ञान की सर्वोच्चता में ले जाता है; उसे मानव हृदयों में अंतर्दृष्टि का उपहार देता है, उसे अच्छे और बुरे के बीच अंतर करने की शक्ति देता है, साथ ही उसे समझने की शक्ति देता है जो अच्छे और बुरे दोनों से ऊपर है, और प्रकृति को जानने की शक्ति देता है।

कर्मों का परिणाम वर्तमान समय में मनुष्य कमोबेश विद्रोही विचारों के वशीभूत हैं और इन पर विजय पाना ही सर्वोच्च विजय है। नासमझ लोग सोचते हैं कि खुद को छोड़कर हर चीज़ पर काबू पाया जा सकता है और वे बाहरी

चीज़ों को संशोधित करके अपने और दूसरों के लिए खुशी की तलाश करते हैं। बाहरी प्रभावों का स्थानांतरण स्थायी खुशी नहीं ला सकता या ज्ञान प्रदान नहीं कर सकता। पाप से भरे शरीर को थपथपाने और सहलाने से स्वास्थ्य और खुशहाली पैदा नहीं हो सकती। बुद्धिमान लोग जानते हैं। जब तक स्वयं को वश में नहीं किया जाता, तब तक कोई वास्तविक प्रभुत्व नहीं होता है कि जब स्वयं पर विजय प्राप्त कर ली जाती है; तो बाहरी चीजों की अधीनता अंततः सुनिश्चित हो जाती है और वे दैवीय सद्गुण की शांत शक्ति में, अपने भीतर हमेशा के लिए खुशी पैदा करते हुए पाते हैं। वे पाप को दूर करते हैं और वासनाओं के वशीभूत होकर शरीर को शुद्ध और मज़बूत करते हैं।

मनुष्य अपने मन पर शासन कर सकता है; स्वयं का स्वामी हो सकता है, जब तक वह ऐसा शासन नहीं करता; उसका जीवन असंतोषजनक और अपूर्ण है। उसका आध्यात्मिक प्रभुत्व उन मानसिक शक्तियों का साम्राज्य है जिनसे उसकी प्रकृति बनी है। शरीर में कोई करणीय शक्ति नहीं है। शरीर का शासन - यानी भूख और जुनून का - मानसिक शक्तियों का अनुशासन है। अपने भीतर के विरोधी आध्यात्मिक तत्वों को वश में करना, संशोधित करना, पुनर्निर्देशित करना और परिवर्तित करना, अद्भुत और शक्तिशाली कार्य है जिसे सभी मनुष्यों को देर-सवेर करना ही होगा। लंबे समय से, मनुष्य खुद को बाहरी ताकतों का गुलाम मानता है लेकिन एक दिन ऐसा आता है जब उसकी आध्यात्मिक आंखें खुलती हैं और वह देखता है कि वह इतने लंबे समय से किसी और का नहीं बल्कि अपने स्वयं के अनियंत्रित; अपवित्र आत्म का गुलाम रहा है। उस दिन; वह उठता है और अपने आध्यात्मिक सिंहासन पर चढ़ता है, वह अब उनकी इच्छाओं, भूखों और जुनूनों का दास के रूप में पालन नहीं करता है, बल्कि अब से उन पर अपनी प्रजा के रूप में शासन करता है। वह मानसिक साम्राज्य जिसमें वह एक भिखारी और

एक कोड़े से मार खाने वाले दास के रूप में भटकता था। अब उसे पता चलता है कि वह प्रभु के अधिकार से उसका हैआत्म-नियंत्रण - उसे व्यवस्थित करना ,संगठित करना और सामंजस्य बिठाना, अपने मतभेदों और दर्दनाक विरोधाभासों को खत्म करना और शांति की स्थिति में लाना।

इस प्रकार, ऊपर उठकर और अपने सही आध्यात्मिक अधिकार का प्रयोग करते हुए। वह उन राजाओं की संगति में प्रवेश करता है जिन्होंने सभी युगों में विजय प्राप्त की है और जिन्होंने अज्ञानता, अंधकार और मानसिक पीड़ा पर विजय प्राप्त की है और सत्य की ओर बढ़ गए हैं।

7

जीतः इस्तीफा नहीं

जिसने स्वयं पर विजय पाने का उत्कृष्ट कार्य अपने हाथ में ले लिया है,वह किसी भी बुरी चीज़ के लिए स्वयं को त्याग नहीं देता है; वह स्वयं को केवल उसी के अधीन करता है जो अच्छा है। बुराई के प्रति समर्पण सबसे निचली कमज़ोरी है; अच्छाई के प्रति आज्ञाकारिता सर्वोच्च शक्ति है। अपने आप को पाप और दुःख, अज्ञानता और पीड़ा के प्रति समर्पित करने का अर्थ वास्तव में यह कहना है, "मैं हार मानता हूँ; मैं हार गया हूं; जीवन बुरा है और मैं समर्पण करता हूँ।" बुराई के प्रति ऐसा समर्पण धर्म के विपरीत है। यह अच्छाई का सीधा खंडन है। यह बुराई को ब्रह्मांड में सर्वोच्च शक्ति के पद पर पहुंचा देता है। बुराई के प्रति ऐसा समर्पण एक स्वार्थी और दुःखी जीवन में ही प्रकट होता है, एक ऐसा जीवन जो प्रलोभन के विरुद्ध शक्ति से रहित है और उस आनंद और शांति से रहित है जो कि अभिव्यक्ति है।

मनुष्य को लगातार त्याग और दुःख के लिए नहीं, बल्कि अंतिम जीत और खुशी के लिए बनाया गया है। ब्रह्माण्ड के सभी आध्यात्मिक नियम हैं अच्छे

आदमी के साथ, अच्छे संरक्षण और ढाल के लिए, बुराई का कोई कानून नहीं है, इसका स्वभाव विनाश एवं विनाश है।

चरित्र को बुराई से हटाकर अच्छाई की ओर जागरूक करने का वर्तमान में शिक्षा के सामान्य पाठ्यक्रम में कोई हिस्सा नहीं है। यहां तक कि हमारे धार्मिक शिक्षकों ने भी इस ज्ञान और अभ्यास को खो दिया है और इसलिए इसके बारे में निर्देश नहीं दे सकते हैं। नैतिक विकास अधिकतर अचेतन होता है और यह जीवन के तनाव और संघर्ष के कारण होता है। हालाँकि समय आएगा, जब चरित्र का सचेत निर्माण युवाओं की शिक्षा में एक महत्वपूर्ण हिस्सा बन जाएगा और जब कोई भी व्यक्ति उपदेशक का पद भरने में सक्षम नहीं होगा, जब तक कि वह आदतन आत्म-नियंत्रण, बेदाग निष्ठा वाला व्यक्ति न हो। उच्च शुद्धता, ताकि चरित्र के निर्माण में ध्वनि निर्देश देने में सक्षम हो, जो तब धर्म की मुख्य विशेषता होगी।

यहां लेखक द्वारा प्रस्तुत सिद्धांत बुराई पर विजय का सिद्धांत है; पाप का नाश और आवश्यक रूप से अच्छे के ज्ञान में और शाश्वत शांति के आनंद में मनुष्य की स्थायी स्थापना सभी युगों के धर्म गुरुओं की यही शिक्षा है। अज्ञानी लोगों द्वारा चाहे इसे कितना भी विकृत किया गया हो, यह उन सभी सिद्ध लोगों का सिद्धांत है जो थे और आने वाले सभी सिद्ध लोगों का सिद्धांत होगा। यह सत्य का सिद्धांत है।

किसी बुराई पर विजय बाहर नहीं होती; दुष्ट मनुष्यों या बुरी आत्माओं या बुरी चीज़ों से नहीं, लेकिन भीतर की बुराई का; बुरे विचारों, बुरी इच्छाओं, बुरे कर्मों का; क्योंकि जब हर मनुष्य ने अपने हृदय के भीतर की बुराई को नष्ट कर दिया है, तो पूरे विशाल ब्रह्मांड में कहाँ से क्या कोई दिखा सकेगा और कह सकेगा, "वहाँ बुराई है?" उस महान दिन में जब सभी मनुष्य भीतर से अच्छे हो जायेंगे, बुराई के सभी निशान पृथ्वी से गायब हो जायेंगे; पाप और दुःख अज्ञात होंगे और सर्वदा आनन्द रहेगा।

ख़ुशी और सफलता की आधारशिला

अपने अंदर मुक्ति की तलाश करनी चाहिए,
प्रत्येक व्यक्ति को उसकी सोच कैदी बनाती है
प्रत्येक के पास ऐसा सर्वोच्च प्रभुत्व है;
सभी प्राणियों के साथ और जो कुछ भी जीवित है,
कार्य सुख या शोक उत्पन्न करता है।

प्रस्तावना

एक आदमी घर बनाना कहाँ से शुरू करता है? वह पहले प्रस्तावित भवन की एक योजना को सुरक्षित करता है और फिर आगे बढ़ता है।

योजना के अनुसार निर्माण करना, नींव से शुरू करके हर विवरण का ईमानदारी से पालन करना। क्या उसे शुरुआत की उपेक्षा करनी चाहिए - गणितीय योजना पर शुरुआत - उसका श्रम बर्बाद हो जाएगा, और उसकी इमारत, अगर वह टुकड़ों में गिरे बिना पूरी हो जाती है, तो असुरक्षित और बेकार होगी। किसी भी महत्वपूर्ण कार्य में यही नियम लागू होता है,सही शुरुआत और पहली अनिवार्यता एक निश्चित मानसिक योजना है जिस पर निर्माण करना है।

प्रकृति में कोई फूहड़ काम नहीं होगा, कोई फूहड़पन नहीं होगा और वह भ्रम को नष्ट कर देता है, या यूँ कहें कि भ्रम स्वयं ही नष्ट हो जाता है। आदेश, निश्चितता, उद्देश्य सदैव प्रबल रहते हैं; और जो अपने संचालन में इन गणितीय तत्वों की उपेक्षा करता है वह तुरंत स्वयं को पर्याप्तता, पूर्णता, खुशी और सफलता से वंचित कर देता है।

जेम्स एलन

1
सही सिद्धांत

यह जानना बुद्धिमानी है कि पहले क्या आता है और पहले क्या करना है। किसी भी चीज़ को बीच में या अंत में शुरू करना उसे उलझा देना है। टेप तोड़कर शुरुआत करने वाले एथलीट को पुरस्कार नहीं मिलेगा। उसे स्टार्टर का सामना करके और निशान तक पहुंचकर शुरुआत करनी चाहिए, और फिर भी अगर उसे जीतना है तो एक अच्छी शुरुआत महत्वपूर्ण है। विद्यार्थी की शुरुआत बीजगणित और साहित्य से नहीं, बल्कि गिनती और ए बी सी से होती है। इसलिए जीवन में - जो व्यवसायी नीचे से शुरुआत करते हैं वे अधिक स्थायी सफलता प्राप्त करते हैं। अप्रेंटिसशिप और धार्मिक व्यक्ति जो आध्यात्मिक ज्ञान और ज्ञान की उच्चतम ऊंचाइयों तक पहुंचते हैं; वे हैं जो विनम्र कार्यों के लिए धैर्यपूर्वक प्रशिक्षुता प्रदान करने के लिए झुक गए हैं और सामान्य अनुभवों का तिरस्कार नहीं किया है।

स्वस्थ जीवन में और इसलिए वास्तव में खुश और सफल जीवन में पहली चीजें - सही सिद्धांत हैं। सही सिद्धांतों के बिना शुरुआत में, गलत प्रथाओं का पालन करना होगा और अंत में उलझा हुआ और मनहूस जीवन होगा। दुनिया के

वाणिज्य और विज्ञान को सारणीबद्ध करने वाली सभी अनंत प्रकार की गणनाएँ दस अंकों से निकलती हैं; वे सभी सैकड़ों-हजारों किताबें जो दुनिया के साहित्य का निर्माण करती हैं और उसके विचार और प्रतिभा को कायम रखती हैं - छब्बीस अक्षरों से बनी हैं। सबसे बड़ा खगोलशास्त्री दस साधारण आंकड़ों को नज़रअंदाज़ नहीं कर सकता। सबसे गहन प्रतिभावान व्यक्ति छब्बीस सरल पात्रों के बिना नहीं रह सकता। सभी चीज़ों में बुनियादी तत्व कम और सरल हैं, फिर भी उनके बिना कोई ज्ञान नहीं है और कोई उपलब्धि नहीं है। बुनियादी सिद्धांत; जीवन के मूल सिद्धांत; या सच्चे जीवन भी कम और सरल हैं और उन्हें पूरी तरह से सीखना और अध्ययन करना कि उन्हें जीवन के सभी विवरणों पर कैसे लागू किया जाए? एक अजेय चरित्र और स्थायी सफलता का व्यवस्थित निर्माण भ्रम से बचना है और एक पर्याप्त आधार सुरक्षित करना है और आचरण की भूलभुलैया में उन सिद्धांतों को उनके असंख्य प्रभावों में समझने में सफल होना, जीवन का स्वामी बनना है। जीवन के प्रथम सिद्धांत आचरण के सिद्धांत हैं। उन्हें नाम देना आसान है। वे केवल शब्दों के रूप में सभी लोगों के होठों पर हैं, लेकिन कार्रवाई के निश्चित स्रोत के रूप में, कोई समझौता न करने की अनुमति देते हुए, बहुत कम लोग उन्हें सीख पाए हैं। इस संक्षिप्त वार्ता में मैं इनमें से केवल पाँच सिद्धांतों पर चर्चा करूँगा। ये पाँच जीवन के मूल सिद्धांतों में से सबसे सरल हैं, लेकिन वे वे हैं जो रोज़मर्रा की ज़िंदगी के सबसे करीब आते हैं, क्योंकि वे कारीगर, व्यापारी, गृहस्थ, नागरिक हर बिंदु पर स्पर्श करते हैं। उनमें से किसी एक को भी गंभीर कीमत के अलावा छोड़ा नहीं जा सकता है, और जो व्यक्ति उनके अनुप्रयोग में खुद को पूर्ण कर लेता है, वह जीवन की कई परेशानियों और असफलताओं से ऊपर उठ जाएगा, और उन झरनों और विचारों की धाराओं में आ जाएगा जो स्थायी सफलता के क्षेत्रों की ओर सामंजस्यपूर्ण रूप से बहते हैं। इनमें से पहला सिद्धांत है -

कर्तव्य - मुझे पता है, यह एक बहुत ही घिसा-पिटा शब्द है, लेकिन इसमें उस व्यक्ति के लिए एक दुर्लभ रत्न शामिल है जो कठिन परिश्रम से इसकी तलाश करेगा। कर्तव्य के सिद्धांत का अर्थ है अपने स्वयं के व्यवसाय का कड़ाई से पालन करना, और दूसरों के व्यवसाय में सख्ती से हस्तक्षेप न करना। जो व्यक्ति लगातार दूसरों को यह निर्देश देता रहता है कि उन्हें अपने मामलों का प्रबंधन कैसे करना है, वह वही है जो अपने स्वयं के मामलों को सबसे अधिक कुप्रबंधित करता है। कर्तव्य का अर्थ हाथ में लिए गए मामले पर पूरा ध्यान देना, किए जाने वाले काम पर दिमाग की बुद्धिमान एकाग्रता भी है; इसमें वह सब कुछ शामिल है जिसका तात्पर्य संपूर्णता; सटीकता और दक्षता से है। कर्तव्यों का विवरण अलग-अलग व्यक्तियों में अलग-अलग होता है और प्रत्येक व्यक्ति को अपने कर्तव्य को अपने पड़ोसी से बेहतर जानना चाहिए और उसका पड़ोसी अपने कर्तव्य को उससे बेहतर जानता है (लेकिन यद्यपि कामकाजी विवरण अलग-अलग होते हैं) सिद्धांत हमेशा एक ही होता है। कर्तव्य की माँगों पर किसने महारत हासिल की है?

ईमानदारी अगला सिद्धांत है। इसका अर्थ है दूसरे को धोखा देना या अधिक मूल्य वसूलना नहीं। इसमें शब्द, रूप या हावभाव से सभी चालबाज़ी, झूठ और धोखे का अभाव शामिल है। इसमें ईमानदारी, वह कहना जो आप कहना चाहते हैं, और जो आप कहते हैं उसका अर्थ शामिल है। यह आलोचनात्मक नीति और चमकदार प्रशंसा का तिरस्कार करता है। यह अच्छी प्रतिष्ठा बनाता है और अच्छी प्रतिष्ठा अच्छे व्यवसायों का निर्माण करती है और अच्छी तरह से अर्जित सफलता के साथ उज्ज्वल खुशी भी मिलती है। ईमानदारी की बुलंदियों को किसने छुआ?

अर्थव्यवस्था तीसरा सिद्धांत है। किसी के वित्तीय संसाधनों का संरक्षण केवल उसकी ओर ले जाने वाला मार्ग है। इसका अर्थ - किसी की शारीरिक जीवन शक्ति और मानसिक संसाधनों का संवर्धन भी है। यह आत्म-भोग और

कामुक आदतों से बचकर ऊर्जा के संरक्षण की मांग करता है। यह अपने अनुयायी की ताकत, सहनशक्ति, सतर्कता और हासिल करने की क्षमता को दर्शाता है। यह उसे महान शक्ति प्रदान करता है जो इसे अच्छी तरह से सीख लेता है। अर्थव्यवस्था की सर्वोच्च शक्ति का एहसास किसने किया है?

उदारता अर्थव्यवस्था का अनुसरण करती है। इसका विरोध नहीं है। केवल मितव्ययी व्यक्ति ही उदार हो सकता है। फिजूलखर्ची ने - चाहे वह धन हो, जीवन शक्ति हो या मानसिक ऊर्जा हो - अपने स्वयं के दुखदायी सुखों पर इतना अधिक बर्बाद कर दिया कि उसके पास दूसरों को देने के लिए कुछ भी नहीं बचा। पैसा देना उदारता का सबसे छोटा हिस्सा है। इसमें विचार, कर्म, सहानुभूति, सद्भावना प्रदान करना, निंदा करने वालों और विरोधियों के प्रति उदार होना शामिल है। यह एक ऐसा सिद्धांत है जो एक महान दूरगामी प्रभाव उत्पन्न करता है। यह प्यारे दोस्त और पक्के साथी लाता है और अकेलेपन और निराशा का दुश्मन है। उदारता का विस्तार किसने मापा है?

आत्म-नियंत्रण इन पाँच सिद्धांतों में से अंतिम, फिर भी सबसे महत्वपूर्ण है। इसकी उपेक्षा विशाल दुख, असंख्य असफलताओं और हज़ारों वित्तीय,शारीरिक और मानसिक बर्बादियों का कारण है। मुझे वह व्यापारी दिखाओ जो किसी छोटी सी बात पर ग्राहक पर अपना आपा खो देता है, और मैं तुम्हें एक ऐसा आदमी दिखाऊंगा जो अपनी मानसिक स्थिति के कारण असफल हो जाता है। यदि सभी मनुष्य आत्म-नियंत्रण के शुरुआती चरणों का भी अभ्यास करें, तो क्रोध, अपनी भस्म करने वाली और नष्ट करने वाली आग के साथ, अज्ञात होगा। संयम के सिद्धांत में निहित धैर्य, पवित्रता, नम्रता, दयालुता और दृढ़ता के पाठ धीरे-धीरे सीखे जाते ये पुरुषों द्वारा हैं, फिर भी जब तक वे वास्तव में नहीं सीखे जाते तब तक किसी व्यक्ति का चरित्र और सफलता अनिश्चित और असुरक्षित होती है।

वह मनुष्य कहाँ है जिसने स्वयं को आत्मसंयम में निपुण कर लिया है? वह जहां भी हो, वास्तव में उस्ताद है।

पाँच सिद्धांत पाँच अभ्यास, उपलब्धि के पाँच रास्ते और ज्ञान के पाँच स्रोत हैं। यह एक पुरानी कहावत और एक अच्छा नियम है कि "अभ्यास परिपूर्ण बनाता है" और जो उन सिद्धांतों में निहित ज्ञान को अपनाना चाहता है उसे उन्हें केवल अपने होंठों पर नहीं रखना चाहिए। उन्हें अपने दिल में स्थापित करना चाहिए। उन्हें जानने और जो कुछ वे अकेले ला सकते हैं उसे प्राप्त करने के लिए, उसे उन्हें करना होगा, और उन्हें अपने कार्यों में लगाना होगा।

2

ध्वनि विधियाँ

उपरोक्त पांच सही सिद्धांतों में से, जब उन्हें वास्तव में समझा और अभ्यास किया जाता है, तो ध्वनि विधियां जारी होंगी। सही सिद्धांत सामंजस्यपूर्ण कार्रवाई में प्रकट होते हैं और विधि जीवन के लिए वही है जो ब्रह्मांड के लिए कानून है। ब्रह्मांड में हर जगह भागों का सामंजस्यपूर्ण समायोजन है और यह समरूपता और सामंजस्य है जो अराजकता से अलग एक ब्रह्मांड को प्रकट करता है। तो मानव जीवन में, एक सच्चे और झूठे जीवन के बीच,एक उद्देश्यपूर्ण और प्रभावी और एक उद्देश्यहीन और कमज़ोर के बीच का अंतर है। झूठा जीवन विचारों, जुनूनों और कार्यों का एक असंगत मिश्रण है; सच्चा जीवन अपने सभी अंगों का व्यवस्थित समायोजन है। लकड़ी के ढेर और सुचारू रूप से काम करने वाली कुशल मशीन के बीच यही अंतर है। सही कार्य क्रम में मशीनरी का एक टुकड़ा न केवल उपयोगी है, बल्कि सराहनीय भी है और आकर्षक चीज़, लेकिन जब इसके सभी हिस्से ख़राब हो जाते हैं, और पुन: समायोजित होने से इनकार कर देते हैं, तो इसकी उपयोगिता और आकर्षण ख़त्म हो जाता है और इसे कबाड़ के ढेर पर फेंक

दिया जाता है। इसी तरह, दक्षता के उच्चतम बिंदु को प्राप्त करने के लिए अपने सभी हिस्सों में पूरी तरह से समायोजित जीवन न केवल एक शक्तिशाली चीज है, बल्कि एक उत्कृष्ट और सुंदर चीज़ है। दूसरी ओर, भ्रमित, असंगत, असंगत जीवन व्यर्थ ऊर्जा का निंदनीय प्रदर्शन है।

यदि जीवन को वास्तव में जीना है, तो विधि को इसके प्रत्येक विवरण में प्रवेश करना और विनियमित करना होगा, जैसे यह उस अद्भुत ब्रह्मांड के प्रत्येक विवरण में प्रवेश और विनियमन करता है जिसका हम एक हिस्सा हैं। एक बुद्धिमान व्यक्ति और एक मूर्ख व्यक्ति के बीच एक विशिष्ट अंतर यह है कि बुद्धिमान व्यक्ति छोटी-छोटी बातों पर सावधानीपूर्वक ध्यान देता है, जबकि मूर्ख व्यक्ति उन पर अनाप-शनाप बोलता है। या उन्हें पूरी तरह से नज़रअंदाज़ कर देता है। बुद्धिमत्ता चीज़ों को उनके सही संबंधों पर बनाए रखने में है। सभी चीज़ों को छोटी से छोटी और सबसे बड़ी को उनके उचित स्थान और समय पर रखने में है। आदेश का उल्लंघन करना भ्रम और कलह उत्पन्न करना है और दुःख कलह का ही दूसरा नाम है।

अच्छा व्यवसायी जानता है कि व्यवस्था सफलता के तीन भाग हैं, और अव्यवस्था का अर्थ विफलता है। बुद्धिमान व्यक्ति जानता है कि अनुशासित, व्यवस्थित जीवन सुख के तीन भाग हैं, और शिथिलता का अर्थ है दुःख, मूर्ख वह कौन है जो लापरवाही से सोचता है, उतावलेपन से काम करता है और लापरवाही से रहता है? एक बुद्धिमान व्यक्ति क्या है लेकिन वह व्यक्ति जो ध्यान से सोचता है, शांति से कार्य करता है और लगातार जीवन जीता है?

सच्ची विधि भौतिक वस्तुओं और जीवन के बाहरी संबंधों की व्यवस्थित व्यवस्था के साथ समाप्त नहीं होती है; यह तो इसकी शुरुआत है; यह मन के समायोजन में प्रवेश करता है – जुनून का अनुशासन, उन्मूलन और शब्दों का चयन, भाषण, विचारों की तार्किक व्यवस्था और सही कार्यों का चयन करना है।

ठोस तरीकों के अनुसरण से स्वस्थ, सफल और मधुर जीवन प्राप्त करने के लिए,व्यक्ति को छोटी-छोटी रोज़मर्रा की चीज़ों की उपेक्षा से नहीं, बल्कि उन पर ध्यान देने से शुरुआत करनी चाहिए। इस प्रकार उदय का समय महत्वपूर्ण है और इसकी नियमितता महत्वपूर्ण है; साथ ही आराम करने के लिए सेवानिवृत्त होने का समय और सोने के लिए दिए गए घंटों की संख्या भी शामिल है। भोजन की नियमितता और अनियमित,और जिस सावधानी और लापरवाही के साथ उन्हें खाया जाता है। उसके बीच अच्छे और बुरे पाचन (यह सब लागू होता है) और अच्छे की ट्रेन के साथ चिड़चिड़ा या आरामदायक मन के बीच का अंतर है। भोजन-समयों और भोजन-तरीकों से जुड़ना शारीरिक और मनोवैज्ञानिक दोनों महत्व के मामले हैं। व्यवसाय और खेल के लिए घंटों का उचित विभाजन; दोनों को भ्रमित न करना; किसी के व्यवसाय के सभी विवरणों को व्यवस्थित रूप से फिट करना;एकांत के लिए समय; मौन विचार और प्रभावी कार्रवाई के लिए;खाने के लिए और संयम के लिए – ये सभी चीज़ें होनी चाहिए। उनके जीवन में उनका वैध स्थान है जिसका "दैनिक दौर" न्यूनतम घर्षण के साथ आगे बढ़ना है, जिसे जीवन से अधिकतम उपयोगिता, प्रभाव और आनंद प्राप्त करना है।

लेकिन यह सब उस व्यापक पद्धति की शुरुआत है जो संपूर्ण जीवन और अस्तित्व को समाहित करती है। जब यह सुचारु क्रम और तार्किक स्थिरता शब्दों और कार्यों, विचारों और इच्छाओं तक विस्तारित होती है तो मूर्खता से ज्ञान प्रकट होता है और कमज़ोरी से शक्ति आती है। जब कोई व्यक्ति अपने दिमाग को इस प्रकार व्यवस्थित करता है कि वह अपने सभी हिस्सों के बीच एक सुंदर कामकाजी सामंजस्य पैदा कर सके, तो वह उच्चतम ज्ञान, उच्चतम दक्षता,उच्चतम खुशी तक पहुंचता है।

लेकिन यह अंत है; और जो अंत तक पहुंचना चाहता है उसे शुरुआत से ही शुरुआत करनी होगी। उसे अपने जीवन के छोटे-छोटे विवरणों को व्यवस्थित और तार्किक रूप से प्रस्तुत करना होगा और अंतिम उपलब्धि की ओर कदम दर कदम आगे बढ़ना होगा। लेकिन प्रत्येक कदम से अपनी विशेष शक्ति और ख़ुशी प्राप्त होगी।

संक्षेप में, विधि वह सहजता उत्पन्न करती है जो शक्ति और दक्षता के साथ चलती है। अनुशासन मन पर लागू की जाने वाली विधि है। यह वह शांति पैदा करता है जो शक्ति और खुशी के साथ आती है। विधि नियम से काम कर रही है; नियम से जीना ही अनुशासन है। लेकिन काम करना और रहना अलग नहीं हैं; वे चरित्र के, जीवन के दो पहलू हैं।

इसलिए काम में व्यवस्थित रहें, वाणी में सटीक रहें, विचारों में तार्किक रहें। इनके बीच और अनाड़ीपन, अशुद्धि और भ्रम के बीच, सफलता और विफलता, संगीत और कलह, खुशी और दुख के बीच का अंतर है।

काम करना, अभिनय करना, सोचने के अच्छे तरीकों को अपनाना – एक शब्द में, जीवन जीना, अच्छे स्वास्थ्य, अच्छी सफलता, मानसिक शांति के लिए सबसे सुरक्षित है। अनुचित तरीकों की नींव अस्थिर पाई जाएगी, और सफल होते हुए भी भय और अशांति पैदा करेगी और जब विफलता का समय आएगा, तो यह वास्तव में दुखद होगा।

3

सच्चा कार्य

यह बिल्कुल दूसरी बात लेकिन वह उनकी राय उनकी अज्ञानता, उनके अनियंत्रित जुनून के प्रति उदासीन रहेगा। सच्चे कार्य से मेरा तात्पर्य दूसरों के प्रति सही कार्य करने से है। और सही कर्ता जानता है कि सत्य के अनुसार कार्य उसके आसपास के लोगों की खुशी के लिए हैं, और वह उन्हें करेगा, भले ही ऐसा अवसर आए जब उसका कोई करीबी ऐसा कर सके। उसे अन्यथा करने के लिए सलाह दें या विनती करें।

सच्चे कार्यों को उन सभी लोगों द्वारा आसानी से झूठे कार्यों से अलग किया जा सकता है जो ऐसा करना चाहते हैं ताकि वे झूठे कार्यों से बच सकें और सच्चे कार्यों को अपना सकें। जैसे भौतिक संसार में हम चीजों को उनके रूप, रंग, आकार आदि के आधार पर अलग करते हैं, उन चीजों को चुनते हैं जिनकी हमें आवश्यकता होती है, और उन चीज़ों को रखते हैं जो हमारे लिए उपयोगी हैं, उसी तरह कर्मों की आध्यात्मिक दुनिया में हम अंतर कर सकते हैं जो बुरे हैं और जो अपने स्वभाव, अपने उद्देश्य और अपने प्रभाव से अच्छे हैं और जो

अच्छे हैं उन्हें चुन सकते हैं और अपना सकते हैं, और जो बुरे हैं उन्हें अनदेखा कर सकते हैं।

प्रगति के सभी रूपों में, *बुरे से बचना* हमेशा अच्छे की *स्वीकृति और ज्ञान से* पहले होता है, जैसे स्कूल में एक बच्चा बार-बार यह बताकर कि उसने कैसे गलत किया है, अपना पाठ सही तरीके से करना सीखता है। यदि कोई नहीं जानता कि क्या गलत है और उससे कैसे बचा जाए, तो वह कैसे जान सकता है कि क्या सही है और उसका अभ्यास कैसे किया जाए? बुरे, या असत्य कार्य वे हैं जो केवल अपनी खुशी के विचार से उत्पन्न होते हैं, और दूसरों की खुशी की उपेक्षा करते हैं, जो मन की हिंसक गड़बड़ी और गैरकानूनी इच्छाओं से उत्पन्न होते हैं, या जो अवांछित जटिलताओं से बचने के लिए छिपाने की आवश्यकता होती है। अच्छे या सच्चे कार्य वे हैं जो दूसरों के प्रति विचार करने से उत्पन्न होते हैं, जो शांत तर्क और नैतिक सिद्धांतों पर आधारित सामंजस्यपूर्ण विचार से उत्पन्न होते हैं या यदि इसे दिन के पूर्ण प्रकाश में लाया जाए तो कर्ता को शर्मनाक परिणामों में शामिल नहीं किया जाएगा।

सही कर्ता व्यक्तिगत खुशी और संतुष्टि के उन कार्यों से बचेंगे जो अपने स्वभाव से दूसरों के लिए झुंझलाहट, दर्द या पीड़ा लाते हैं, चाहे वे कार्य कितने भी महत्वहीन क्यों न दिखें। वह इन्हें हटाकर शुरुआत करेगा; वह पहले स्वार्थी और असत्य का त्याग करके निःस्वार्थ और सत्य का ज्ञान प्राप्त करेगा। वह क्रोध या ईर्ष्या या आक्रोश में बोलना या कार्य करना नहीं सीखेगा, बल्कि अपने मन को नियंत्रित करने का अध्ययन करेगा, और कार्य करने से पहले उसे शांत कर देगा और सबसे महत्वपूर्ण बात यह है कि वह घातक ज़हर पीने की तरह, कुछ व्यक्तिगत लाभ प्राप्त करने के लिए चालाकी, धोखे, दोहरे व्यवहार के उन कार्यों से बच जाएगा और जो देर-सबेर ऐसा करने की ओर ले जाते हैं। उन्हें उजागर

करने और उन्हें करने वाले के लिए शर्म की बात है। यदि किसी व्यक्ति को कोई ऐसा कार्य करने के लिए प्रेरित किया जाता है जिसे उसे छुपाना है और जिसका वह कानूनी तौर पर और स्पष्ट रूप से बचाव नहीं करेगा। यदि इसकी गवाही गवाह से जांच की जाती है, तो उसे यह जान लेना चाहिए कि यह एक गलत कार्य है और इसलिए बिना किसी अतिरिक्त कार्यवाही के इसे छोड़ दिया जाना चाहिए। क्षण भर का विचार है।

ईमानदारी और कार्य की ईमानदारी के इस सिद्धांत का कार्यान्वयन भी उसे सही काम करने में विचारशीलता के ऐसे मार्ग पर ले जाएगा जो उसे उन चीजों को करने से बचने में सक्षम करेगा जो उसे अन्य लोगों की भ्रामक प्रथाओं में शामिल करेगी। कागजात पर हस्ताक्षर करने से पहले या मौखिक या लिखित व्यवस्था में प्रवेश करने से पहले या दूसरों के अनुरोध पर किसी भी तरह से खुद को शामिल करने से पहले, खासकर यदि वे अजनबी हों; तो वह पहले काम या उपक्रम की प्रकृति के बारे में पूछताछ करेगा; और इस तरह प्रबुद्ध हो जाएगा; वह जान जाएगा वास्तव में क्या करना है, और वह अपनी कार्रवाई के महत्व से पूरी तरह अवगत होगा। सही कर्ता के लिए *विचारहीनता* एक अपराध है।

अच्छे इरादे से किए गए हजारों कार्य विनाशकारी परिणाम देते हैं क्योंकि वे विचारहीनता के कार्य हैं,और यह अच्छी तरह से कहा गया है कि "नरक का मार्ग अच्छे इरादों से प्रशस्त होता है।" सच्चे कर्म करने वाला व्यक्ति, सभी चीज़ों से ऊपर, विचारशील होता है: "इसलिये साँपों की तरह बुद्धिमान और कबूतरों की तरह हानिरहित बनो।"

विचारहीनता शब्द कर्म के क्षेत्र में एक व्यापक क्षेत्र को शामिल करता है। विचारशीलता में वृद्धि करके ही मनुष्य कार्यों की प्रकृति को समझ सकता है और इस प्रकार हमेशा *वही करने की शक्ति* प्राप्त कर सकता है जो सही है। मनुष्य

के लिए विचारशील होना और मूर्खतापूर्ण कार्य करना असंभव है। विचारशीलता ज्ञान को गले लगाती है।

यह पर्याप्त नहीं है कि कोई कार्य किसी अच्छे आवेग या इरादे से प्रेरित हो, यदि इसे सच्चा कार्य बनना है तो इसे विचारपूर्वक विचार करना चाहिए और जो व्यक्ति अपने आप में स्थायी रूप से खुश रहना चाहता है और दूसरों की भलाई के लिए एक शक्ति बनना चाहता है, उसे केवल सच्चे कार्यों से ही सरोकार रखना चाहिए। "मैंने इसे अच्छे इरादों के साथ किया," यह उस व्यक्ति के लिए एक ख़राब बहाना है जिसने बिना सोचे-समझे खुद को दूसरों के गलत कामों में शामिल कर लिया है। उनके कड़वे अनुभव से उन्हें भविष्य में और अधिक सोच-समझकर काम करने की सीख मिलनी चाहिए।

सच्चे कार्य केवल सच्चे दिमाग से ही उत्पन्न हो सकते हैं और इसलिए जब एक व्यक्ति झूठ और सच के बीच अंतर करना और चयन करना सीख रहा है,तो वह अपने दिमाग को सही कर सकता है परिपूर्ण कर रहा है, और इस तरह इसे अधिक सामंजस्यपूर्ण और खुशहाल, अधिक कुशल और शक्तिशाली बना रहा है। जैसे ही वह जीवन के सभी विवरणों में सही को स्पष्ट रूप से पहचानने के लिए "आंतरिक आंख" प्राप्त करता है और ऐसा करने के लिए विश्वास और ज्ञान प्राप्त करता है,उसे एहसास होगा कि वह अपने चरित्र और जीवन का घर एक चट्टान पर बना रहा है जिसे हवाएं असफलता और उत्पीड़न के तूफान कभी कमजोर नहीं कर सकता है।

4

सच्चा भाषण

सत्य को अभ्यास से ही जाना जाता है। ईमानदारी के बिना सत्य का ज्ञान नहीं हो सकता और सच्चा भाषण पूरी ईमानदारी की शुरुआत है।

सत्य अपने सभी मूल सौंदर्य और मूल सादगी में उन सभी चीजों को त्यागने और न करने में शामिल है जो असत्य हैं और उन सभी चीजों को अपनाने और करने में जो है वह सत्य हैं। इसलिए सच्ची वाणी सत्य के जीवन की प्राथमिक शुरुआतों में से एक है। झूठ और सभी प्रकार के धोखे, बदनामी और सभी प्रकार की बुरी बातें - इन्हें पूरी तरह से त्याग दिया जाना चाहिए और समाप्त कर दिया जाना चाहिए इससे पहले कि मन आध्यात्मिक ज्ञान की एक छोटी सी डिग्री भी प्राप्त कर सके। झूठा और निन्दक अन्धकार में खो जाता है; उसका अंधकार इतना गहरा है कि वह अच्छे और बुरे के बीच अंतर नहीं कर पाता है और वह स्वयं को समझाता है कि उसका झूठ बोलना और बुरा बोलना आवश्यक और अच्छा है, इस प्रकार वह अपनी और अन्य लोगों की रक्षा कर रहा है ।

"उच्च चीज़ों" के भावी छात्र को स्वयं की ओर देखने दें और आत्म-भ्रम से सावधान रहें। यदि उसे धोखा देने वाले शब्द बोलने या दूसरों की बुराई करने की आदत है - यदि वह कपट, ईर्ष्या या द्वेष में बोलता है - तो उसने अभी तक उच्च चीजों का अध्ययन करना शुरू नहीं किया है। वह तत्वमीमांसा या चमत्कार या मानसिक घटना या सूक्ष्म चमत्कार का अध्ययन कर सकता है, वह यह अध्ययन कर सकता है कि अदृश्य प्राणियों के साथ कैसे संवाद किया जाए, नींद के दौरान अदृश्य रूप से यात्रा की जाए, या जिज्ञासु घटनाएं उत्पन्न की जाएं, वह आध्यात्मिकता का अध्ययन भी सैद्धांतिक रूप से और एक मात्र के रूप में कर सकता है। पुस्तक अध्ययन लेकिन यदि वह धोखेबाज और चुगलखोर है, तो उच्च जीवन उससे छिपा हुआ है। क्योंकि उच्चतर चीजें ये हैं ।

ईमानदारी मासूमियत,पवित्रता, दयालुता, नम्रता, विश्वासयोग्यता, धैर्य, दया, सहानुभूति, आत्म-बलिदान, खुशी, सद्भावना, प्रेम - और जो उनका अध्ययन करेगा, उन्हें जानेगा और उन्हें अपना बनायें, उनका अभ्यास अवश्य करें और कोई रास्ता नहीं।

झूठ बोलना और बुरा बोलना आध्यात्मिक अज्ञान के निम्नतम रूपों में से हैं और जब तक इनका अभ्यास किया जाता है तब तक आध्यात्मिक ज्ञान जैसी कोई चीज़ नहीं हो सकती। इनके माता-पिता स्वार्थी और द्वेषी हैं।

बदनामी झूठ बोलने के समान है। लेकिन यह और भी अधिक सूक्ष्म है क्योंकि यह अक्सर आक्रोश से जुड़ी होती है और अधिक सफलतापूर्वक सत्य की उपस्थिति धारण करके यह कई लोगों को फँसाती है जो जानबूझकर झूठ नहीं बोलते हैं,क्योंकि निंदा करने के दो पहलू हैं।

एक है उसे दोहराना, दूसरा है उसे सुनना और उस पर अमल करना।

श्रोता के बिना निन्दा करने वाला शक्तिहीन होगा। बुरे शब्दों के लिए एक ऐसे कान की आवश्यकता होती है जो बुराई के प्रति ग्रहणशील हो, जिसमें वे पनपने से पहले ही फंस जाएं, इसलिये जो निन्दा करनेवाले की सुनता है, उस पर विश्वास करता है और मान लेता है जिस व्यक्ति के चरित्र और प्रतिष्ठा पर लांछन लगाया जाता है, उसके विरुद्ध प्रभाव डालना उसी स्थिति में होता है, जिस व्यक्ति ने बुरी रिपोर्ट तैयार की थी या उसे दोहराया था। बुराई बोलने वाला सक्रिय निंदा करने वाला होता है; बुराई सुनने वाला निष्क्रिय निंदा करने वाला होता है। ये दोनों बुराई के प्रचार-प्रसार में सहयोगी हैं।

बदनामी एक आम बुराई है और एक अंधकारपूर्ण और घातक बुराई है। एक बुरी खबर अज्ञानता में शुरू होती है और अंधेरे में अपने अंधे रास्ते पर चलती है। इसका उदय आम तौर पर गलतफहमी में होता है। किसी को लगता है कि उसके साथ बुरा व्यवहार किया गया है और आक्रोश और नाराजगी से भरकर, अपने दोस्तों और अन्य लोगों के सामने खुद को उग्र भाषा में प्रकट करता है, जिस चोट की भावना से वह ग्रस्त है,उसके कारण कथित अपराध की गंभीरता को बढ़ा-चढ़ाकर बताता है। उसकी बात सुनी जाती है और उसके प्रति सहानुभूति व्यक्त की जाती है। श्रोता; जो कुछ घटित हुआ है उसके बारे में दूसरे व्यक्ति का पक्ष सुने बिना;और क्रोधित पुरुष या महिला के हिंसक शब्दों के अलावा किसी अन्य सबूत के बिना; जिसके खिलाफ बोला गया है उसके प्रति उनका रवैया ठंडा हो जाता है और दूसरों को वही दोहराते हैं जो उन्होंने किया है। बताया गया है और चूँकि ऐसी पुनरावृत्ति हमेशा कमोबेश ग़लत होती है; एक विकृत और पूरी तरह से असत्य रिपोर्ट जल्द ही एक मुँह से दूसरे मुँह तक पहुँच जाती है।

ऐसा इसलिए है क्योंकि निंदा करना इतना सामान्य दोष है कि यह कष्ट और चोट पहुंचा सकता है। ऐसा इसलिए है क्योंकि बहुत से लोग जानबूझकर गलत

काम करने वाले नहीं और बुराई की प्रकृति से अनभिज्ञ जिसमें वे इतनी आसानी से गिर जाते हैं, खुद को उस व्यक्ति के खिलाफ प्रभावित होने की अनुमति देने के लिए तैयार हैं, जिसे वे अब तक सम्मानजनक मानते थे कि एक बुरी रिपोर्ट हो सकती है। इसका घातक कार्य करो फिर भी इसका कार्य केवल उन लोगों के बीच होता है जिन्होंने सत्य भाषण का गुण पूरी तरह से प्राप्त नहीं किया है; जिसका कारण सत्य-प्रेमी दिमाग होता है। जब कोई व्यक्ति जिसने खुद को किसी दूसरे के बारे में बुरी रिपोर्ट को दोहराने या उस पर विश्वास करने से पूरी तरह मुक्त नहीं किया है, वह अपने बारे में एक बुरी रिपोर्ट सुनता है, तो उसका मन तीव्र आक्रोश से भर जाता है, उसकी नींद टूट जाती है और उसके मन की शांति नष्ट हो जाती है। वह सोचता है कि उसके सारे दुखों का कारण दूसरे आदमी में है और उस आदमी ने उसके बारे में क्या कहा है और वह इस सच्चाई से अनभिज्ञ है कि उसके दुखों की जड़ और कारण दूसरे के बारे में बुरी रिपोर्ट पर विश्वास करने की उसकी अपनी तैयारी में निहित है। वह सदाचारी व्यक्ति जिसने सच्ची वाणी प्राप्त कर ली है और जिसका मन बुरा बोलने के आभास से भी बंद है वह अपने बारे में किसी भी बुरी खबर से आहत या परेशान नहीं हो सकता और यद्यपि उनकी प्रतिष्ठा कुछ समय के लिए उन लोगों के मन में दागदार हो सकती है जो बुराई के सुझावों से ग्रस्त हैं, उनकी ईमानदारी अछूती रहती है और उनका चरित्र बेदाग रहता है, क्योंकि कोई दूसरे के बुरे कामों से नहीं; केवल अपने ही बुरे कामों से कलंकित हो सकता है। और इसलिए सभी ग़लतबयानी, गलतफहमी और अपमान के बावजूद,वह परेशान नहीं है और प्रतिशोध लेने वाला नहीं है; उसकी नींद में खलल नहीं पड़ता और उसका मन शांत रहता है।

सच्ची वाणी शुद्ध, बुद्धिमान और सुव्यवस्थित जीवन की शुरुआत है। यदि कोई जीवन की पवित्रता प्राप्त करना चाहता है, यदि वह संसार की बुराई और

पीड़ा को कम करना चाहता है, तो उसे विचार और शब्द में झूठ और निंदा को त्याग देना चाहिए, उसे इन चीजों की उपस्थिति से भी बचना चाहिए, क्योंकि वहां झूठ और निंदा नहीं होती है जो आधे-अधूरे सत्य के समान घातक है और उसे सुनकर बुरा-भला कहने में भागीदार न बने। वह दुष्ट बोलने वाले पर भी दया करे, यह जानकर कि वह अपने आप को दुःख और अशांति से कैसे बांधता है, क्योंकि कोई भी झूठा व्यक्ति सत्य का आनन्द नहीं जान सकता,कोई निंदक शांति के राज्य में प्रवेश नहीं कर सकता।

"वह जो शब्द बोलता है उससे मनुष्य की आध्यात्मिक स्थिति घोषित होती है; इनके द्वारा भी उसे अंततः और अचूक रूप से न्यायसंगत ठहराया जाता है, क्योंकि जैसा कि ईसाई दुनिया के दिव्य गुरु ने घोषणा की है, "तेरे शब्दों से तू धर्मी ठहरेगा, और तेरे शब्दों से तू दोषी ठहराया जाएगा।"

5

समभाव

समान रूप से मन रखने का अर्थ है शांतिपूर्ण मन होना, क्योंकि उस व्यक्ति को शांति प्राप्त नहीं कहा जा सकता है जो अपने मन को घटनाओं से अशांत और असंतुलित होने देता है ।

बुद्धिमान व्यक्ति निष्पक्ष होता है ,और सभी चीजों का सामना मन की शांति और पूर्वाग्रह से मुक्त होकर करता है। वह पक्षपातपूर्ण नहीं है ,उसने जुनून को दूर कर दिया है और वह हमेशा अपने और दुनिया के साथ शांति में रहता है, न तो किसी का पक्ष लेता है और न ही खुद का बचाव करता है बल्कि सभी के प्रति सहानुभूति रखता है।

पक्षपाती को इतना विश्वास हो जाता है कि उसकी अपनी राय और उसका अपना पक्ष सही है और जो कुछ भी उनके विपरीत जाता है वह गलत है कि वह सोच ही नहीं पाता कि दूसरी राय और दूसरे पक्ष में कोई अच्छाई है। वह लगातार हमले और बचाव के बुखार में रहता है और उसे समान मन की शांत] शांति का कोई ज्ञान नहीं है।

समान विचारधारा वाला व्यक्ति अपने मन में जुनून और पूर्वाग्रह की उपस्थिति को भी जांचने और उस पर काबू पाने के लिए खुद पर नजर रखता है और ऐसा करने से वह दूसरों के प्रति सहानुभूति विकसित करता है और उनकी स्थिति और मन की विशेष स्थिति को समझता है और जैसे-जैसे वह दूसरों को समझने लगता है, उसे उनकी निंदा करने और उनके सामने स्वयं का विरोध करने की मूर्खता का एहसास होता है। इस प्रकार उसके हृदय में एक दिव्य दान विकसित होता है जिसे सीमित नहीं किया जा सकता है लेकिन जो जीवित, प्रयासरत और पीड़ित सभी चीजों तक विस्तारित होता है।

जब कोई व्यक्ति जुनून और पूर्वाग्रह के वशीभूत होता है, तो वह आध्यात्मिक रूप से अंधा होता है। अपने पक्ष में अच्छाई के अलावा कुछ भी नहीं देखता है और दूसरे में बुराई के अलावा कुछ भी नहीं देखता है ,वह किसी भी चीज़ को वैसा नहीं देख पाता जैसा वह वास्तव में है, यहां तक कि अपने पक्ष में भी नहीं और स्वयं को न समझने के कारण वह दूसरों के हृदयों को नहीं समझ पाता और उनकी निंदा करना ही उचित समझता है। इस प्रकार, उसके दिल में उन लोगों के प्रति गहरी नफरत पैदा हो जाती है जो उससे मिलने से इनकार करते हैं और बदले में उसकी निंदा करते हैं, वह अपने साथियों से अलग हो जाता है और खुद को अपनी ही बनाई एक संकीर्ण यातना कक्ष में कैद कर लेता है।

समचित्त मनुष्य के दिन मधुर और शांतिमय, भलाई में फलदायी और कई गुना आशीषों से भरपूर होते हैं। ज्ञान से प्रेरित होकर, वह उन रास्तों से बचता है जो घृणा और दुख और दर्द की ओर ले जाते हैं और उन रास्तों को अपनाता है जो प्रेम और शांति और आनंद की ओर ले जाते हैं। जीवन की घटनाएँ उसे परेशान नहीं करती हैं, न ही वह उन चीजों पर शोक मनाता है जिन्हें मानव जाति दुखद मानती है, लेकिन जो प्रकृति के सामान्य क्रम में सभी मनुष्यों पर आनी चाहिए।

वह न तो सफलता से उत्साहित होता है और न ही असफलता से निराश होता है। वह अपने जीवन की घटनाओं को उनके अनुरूप क्रमबद्ध देखता है अनुपात और स्वार्थी इच्छाओं या व्यर्थ पछतावे, व्यर्थ प्रत्याशाओं और बचकानी निराशाओं के लिए कोई जगह नहीं पा सकता।

यह समान विचारधार, मन और जीवन की यह धन्य स्थिति, कैसे प्राप्त की जाती है? केवल स्वयं पर विजय पाने से केवल, अपने हृदय को शुद्ध करने से, क्योंकि हृदय की शुद्धि से निष्पक्ष समझ प्राप्त होती है, निष्पक्ष समझ से समान-दिमाग की प्राप्ति होती है और समान-मनस्कता से शांति प्राप्त होती है। अशुद्ध मनुष्य वासना की लहरों पर असहाय होकर बह जाता है, शुद्ध मनुष्य स्वयं को विश्राम के बंदरगाह की ओर ले जाता है। मूर्ख कहता है "मेरी एक राय है"। बुद्धिमान व्यक्ति अपने काम में लगा रहता है।

6

अच्छे परिणाम

जीवन की घटनाओं का एक बड़ा हिस्सा हमारी ओर से बिना किसी प्रत्यक्ष चुनाव के हमारे पास आता है और ऐसी घटनाओं को आम तौर पर हमारी इच्छा या चरित्र से कोई संबंध नहीं होने के रूप में माना जाता है, बल्कि इसे आकस्मिक रूप से प्रकट होने के रूप में माना जाता है, जैसे बिना किसी कारण के घटित हो रहा हो। इस प्रकार एक को भाग्यशाली और दूसरे को दुर्भाग्यशाली कहा जाता है, निष्कर्ष यह है कि प्रत्येक को कुछ ऐसा प्राप्त हुआ है जो उसने कभी अर्जित नहीं किया। गहरी सोच और जीवन की स्पष्ट अंतर्दृष्टि हमें आश्वस्त करती है कि बिना कारण के कुछ भी नहीं होता है और कारण और प्रभाव हमेशा सही समायोजन और सामंजस्य में जुड़े होते हैं। ऐसा होने पर हमें सीधे प्रभावित करने वाली हर घटना का हमारी अपनी इच्छा से गहरा संबंध होता है। चरित्र वास्तव में एक कारण से संबंधित एक प्रभाव है जो हमारी चेतना में अपना स्थान रखता है। एक शब्द में, जीवन की अनैच्छिक घटनाएँ हमारे अपने विचारों और कार्यों का परिणाम हैं। मुझे यह स्वीकार करें सतह पर स्पष्ट नहीं है लेकिन भौतिक ब्रह्मांड में भी कौन सा

मौलिक नियम इतना स्पष्ट है। यदि विचार जांच और प्रयोग उन सिद्धांतों की खोज के लिए आवश्यक हैं जो एक भौतिक परमाणु को दूसरे से जोड़ते हैं तो वे क्रिया के तरीके की धारणा और समझ के लिए भी आवश्यक हैं जो एक मानसिक स्थिति को दूसरे से संबंधित करते हैं और ऐसे तरीकों, ऐसे कानूनों को सही कर्ता द्वारा जाना जाता है; जिसने सच्चे कार्यों के अभ्यास से एक समझदार दिमाग हासिल किया है।

हम जैसा बोते हैं वैसा ही काटते हैं। वे चीजें जो हमारे पास आती हैं हालांकि हमारी अपनी पसंद से नहीं, हमारे कारण से आती हैं। शराबी ने उस प्रलाप या पागलपन को नहीं चुना जो उस पर हावी हो गया था बल्कि उसने इसे अपने कर्मों के कारण पैदा किया था। इस मामले में कानून सभी के मन में स्पष्ट है लेकिन जहां यह इतना स्पष्ट नहीं है। वहां यह फिर भी सत्य है। हमारे भीतर ही हमारे सभी दुखों का गहरा कारण हमारी सभी खुशियों का स्रोत है। विचारों की आंतरिक दुनिया को बदल दें और घटनाओं की दूसरी दुनिया आपको दुःख देना बंद कर देगी, हृदय को शुद्ध बनाओऔर तुम्हारे लिए सभी चीज़ें शुद्ध होंगी, सभी घटनाएँ सुखद और सही क्रम में होंगी।

अपने भीतर मुक्ति की तलाश करनी चाहिए,

प्रत्येक व्यक्ति को उसकी जेल बनाती है।

प्रत्येक के पास सबसे ऊंचे लोगों के समान आधिपत्य है;

नहीं शक्तियों के साथ आ ऊपर, चारों ओर, नीचे,

ऑलफ्लैश और जो कुछ भी रहता है, उसके साथ,

कर्म से खुशी होती है या दुख।

हमारा जीवन हमारे विचारों में उसके कारण के अनुसार अच्छा या बुरा, गुलाम या स्वतंत्र है, क्योंकि इन विचारों से हमारे सभी कर्म उत्पन्न होते हैं, और

इन कर्मों से न्यायसंगत परिणाम मिलते हैं। हम अच्छे परिणामों को हिंसक तरीके से नहीं पकड़ सकते; एक चोर की तरह, और उनका आनंद लें, लेकिन हम अपने भीतर के कारणों को गति देकर उन्हें पूरा कर सकते हैं।

मनुष्य धन के लिए प्रयास करते हैं, खुशी के लिए आह भरते हैं और ख़ुशी से ज्ञान प्राप्त करते हैं, फिर भी इन चीज़ों को सुरक्षित करने में विफल रहते हैं, जबकि वे दूसरों को देखते हैं जिनके लिए ये आशीर्वाद बिना बुलाए आते हैं। इसका कारण यह है कि उन्होंने ऐसे कारण उत्पन्न कर लिये हैं जो उनकी इच्छाओं और प्रयासों की पूर्ति में बाधक हैं।

प्रत्येक जीवन कारणों और प्रभावों, प्रयासों (या प्रयासों की कमी) और परिणामों का एक पूरी तरह से बुना हुआ नेटवर्क है और अच्छे परिणाम केवल अच्छे प्रयासों, अच्छे कारणों को शुरू करके ही प्राप्त किए जा सकते हैं। सच्चे कार्यों का कर्ता, जो सही सिद्धांतों पर आधारित ठोस तरीकों का अनुसरण करता है, उसे अच्छे परिणामों के लिए प्रयास करने और संघर्ष करने की आवश्यकता नहीं होगी; वे उसके जीवन के धर्मी नियम के प्रभाव के रूप में वहां मौजूद रहेंगे। वह अपने कर्मों का फल भोगेगा और फल खुशी और शांति से मिलेगा।

नैतिक क्षेत्र में बोने और काटने का यह सत्य सरल है फिर भी लोग इसे समझने और स्वीकार करने में धीमे हैं। हमें एक बुद्धिमान व्यक्ति ने बताया है कि "अंधेरे के बच्चे अपने दिन में प्रकाश के बच्चों की तुलना में अधिक बुद्धिमान होते हैं"और भौतिक दुनिया में कौन उम्मीद करेगा कि वह वहां से काटेगा और खाएगा जहां उसने बोया और रोपा नहीं है? या कौन उस खेत में गेहूँ काटने की आशा करेगा जहाँ उसने जंगली बीज बोया था और यदि उसने ऐसा नहीं किया तो रोने और शिकायत करने लगेगा? फिर भी मनुष्य मन और कर्म के आध्यात्मिक क्षेत्र में यही करते हैं। वे बुरा करते हैं और अच्छा पाने की आशा रखते हैं और जब कड़वी

फसल अपनी पूरी परिपक्वता के साथ आती हैतो वे निराशा में पड़ जाते हैं और कठोरता पर शोक करते हैं और अपने हिस्से का अन्याय,आम तौर पर इसके लिए दूसरों के बुरे कार्यों को जिम्मेदार ठहराते हैं; यहां तक कि इस बात की संभावना को भी स्वीकार करने से इनकार करते हैं कि इसका कारण स्वयं, उनके अपने विचारों और कार्यों में छिपा है। प्रकाश के बच्चे – जो खुद को बुद्धिमान और खुशहाल प्राणी बनाने की दृष्टि से सही जीवन के मूल सिद्धांतों की खोज कर रहे हैं – उन्हें विचार, शब्द और कर्म में कारण और प्रभाव के इस नियम का अंतर्निहित रूप से पालन करने के लिए खुद को प्रशिक्षित करना चाहिए। आज्ञाकारी रूप से जैसे माली बोने और काटने के नियम का पालन करता है। वह कानून पर सवाल भी नहीं उठाता, वह इसे पहचानता है और इसका पालन करता है। जब वह ज्ञान जिसे वह सहज रूप से अपने बगीचे में अभ्यास करता है, मनुष्य द्वारा अपने दिमाग के बगीचे में अभ्यास किया जाता है – जब कर्मों के बीजारोपण का नियम इतनी पूरी तरह से मान्यता प्राप्त है कि उस पर अब संदेह या सवाल नहीं किया जा सकता है – तो यह वैसा ही होगा जैसा कि ईमानदारी से उन कार्यों का बीजारोपण करें जो सभी के लिए खुशी और कल्याण की फसल लाएंगे। जैसे पदार्थ की संतानें पदार्थ के नियमों का पालन करती हैं; वैसे ही आत्मा की संतानें भी आत्मा के नियमों का पालन करें क्योंकि पदार्थ का नियम और आत्मा का नियम एक ही हैं, वे एक ही चीज़ के दो पहलू हैं, एक सिद्धांत का विपरीत दिशाओं में कार्य करना।

यदि हम सही सिद्धांतों या कारणों का पालन करते हैं, तो गलत प्रभाव उत्पन्न नहीं हो सकते। यदि हम ठोस तरीकों का अनुसरण करते हैं, तो कोई भी घटिया धागा हमारे जीवन के जाल में प्रवेश नहीं कर सकता है; कोई भी सड़ी हुई ईंट हमारे चरित्र की इमारत में प्रवेश करके उसे असुरक्षित नहीं कर सकती है और यदि हम सच्चे कर्म करें तो अच्छे परिणाम के अलावा और क्या हो सकता है यह कहने के लिए कि अच्छे कारण बुरे प्रभाव पैदा कर सकते हैं, कहने का तात्पर्य यह

है कि मकई की बुआई से बिच्छू फसल प्राप्त की जा सकती है।

वह जो अपने जीवन को इस प्रकार संक्षेप में बताए गए नैतिक आधारों पर व्यवस्थित करता है। वह अंतर्दृष्टि और संतुलन की ऐसी स्थिति को प्राप्त करेगा, ताकि उसे स्थायी रूप से खुश और हमेशा खुश रखा जा सके; उसके सभी प्रयास मौसमी रूप से लगाए जाएंगे, उसके जीवन के सभी मामले अच्छे होंगे और यद्यपि वह करोड़पति नहीं बन सकता है क्योंकि वास्तव में उसे ऐसा बनने की कोई इच्छा नहीं होगी – वह शांति का उपहार प्राप्त करेगा और सच्ची सफलता उसके कमांडिंग मास्टर के रूप में उसकी प्रतीक्षा करेगी।